フェミニズムはもういらない、と彼女は言うけれど

ポストフェミニズムと「女らしさ」のゆくえ

高橋 幸 Yuki Takahashi

晃洋書房

はじめに

1．ポストフェミニズムとは何か

２０１０年代には、ＳＮＳ［★1］の日常化というメディア環境の変化に伴って新しいフェミニズムが盛り上がった。その一方で、フェミニズムから距離をとる女性たちの姿や、もはやフェミニズムは不要だとする女性たちの主張も、マスメディアやポップカルチャーにおいて表象され続けてきた。

「現代社会においては男女平等がある程度達成されたので、もうフェミニズムは必要ない」とするフェミニズム不要論は、すでに１９９０年代の英米において登場しており、それ以降フェミニズムの主張を無効化しようとするさい、繰り返し表れる言説パターンになっている。現代では、男女平等という理念そのものに真っ向から反対する言説よりも、むしろ「もうフェミニズムは終わった」「現代

★1　ＳＮＳとはソーシャル・ネットワーキング・システム（Social Networking System）の略で、アカウント登録をしたユーザーがテキストメッセージや写真等の画像を発信したり、相互にメッセージのやり取りをしたり、コメントをつけてコミュニケーションしたりすることのできるサービスのこと。具体的にはTwitter（ツイッター）やFacebook（フェイスブック）、Instagram（インスタグラム）、YouTube（ユーチューブ）、LINE（ライン）等を指す。

はフェミニズム以後の時代だ」という形でフェミニズムを無効化しようとするポストフェミニズムの言説パターンが、フェミニズムに反対するさいによく見られるものとなっている。そこで、ポストフェミニズムとはいったい何であるのかについて一度よく考えてみることは重要であると考えられる。

「フェミニズム離れする女性」という意味での「ポストフェミニスト」という語が、英語圏で使われ始めたのは１９８０年代、定着したのは90年代である。当初、マスメディアが使い始めた用語だったが、その後、研究者も使うようになった。とくにメディア文化研究やポップカルチャー研究では、女性向け映画・ドラマ等の中で頻繁に見られるようになったフェミニズム不要論的態度をとる女性登場人物たちのことを「ポストフェミニスト」と呼び、そのような女性像がよく見られるようになった時代や社会状況のことを「ポストフェミニズム」と呼んで研究を蓄積してきた。90年代から00年代にかけて、「ポストフェミニスト」は現代的女性表象の一つとして、注目を集めてきたと言える。90年代といえば、第二波フェミニズム[★2]を乗り越える新しいフェミニズムを目指した第三波フェミニズムが登場してきた時期でもある。

２０００年代後半以降になると、ポストフェミニストの登場は、統治権力の変化の中で生じたものであるということが指摘されるようになり、ポストフェミニズムに関する研究が深まっていく。グローバル化や産業構造の転換に適応した経済的・政治的構造への再編成を進める統治権力のことをネオリベラリズムという。ネオリベラリズムによって、労働市場や企業での女性労働力の扱われ方や働き方、家庭生活のあり方、性別への役割期待等が変化し、ジェンダー・セクシュアリティ秩序が変化している。この変化の象徴として、ポストフェミニストの存在が注目されるようになっている。以上が、メディア文化論やカルチュラルスタディーズを中心に発展してきたとした現在のポストフェミニズム研究の文脈である。

ところで、90年代から00年代初頭には、これとは少し異なる文脈でも「ポストフェミニズム」という語が用いられていた。ポストモダニズムやポスト構造主義、ポストコロニアリズムの影響を受けながら、第二波フェミニズムを乗り越える新しいフェミニズムを志すフェミニストが、それぞれ独自に、自分の思想を「ポストフェミニズム（哲学・思想）」と呼んでいた（Paglia 1992=1995、Butler 2000＝2002、竹村 2003など）。これらの哲学・思想はフェミニズムの多様性を生みだし、現在もなお第三波フェミニズムを構成するものの一つとして受け継がれているが、「ポストフェミニズム研究」においてメジャーなものとして位置づけて受容されてきたとは言えない。筆者自身、これらもまた重要なものと考えているが、本書では主題的には扱われない。

ここでは「フェミニズム離れ」という意味でのポストフェミニズムに焦点を絞る。フェミニズムから一定の距離をとるポストフェミニスト女性たち［★3］の「女らしさ」のあり方を検討し、それを論

★2　第一波フェミニズムとは、19世紀から20世紀初頭までの女性の権利獲得運動を指す。女性の相続権や高等教育機会・就業機会、参政権の獲得といった形式的平等の獲得を目指した。１９６０年代後半から始まる第二波フェミニズムは日常生活の中の実質的な男女平等を求める運動と理論的営為のことを指す。運動は「ウーマンリブ（women's liberation movement）」とも呼ばれた。第三波フェミニズムとポストフェミニズムの関係については、コラムⅠで紹介する。

じるための分析枠組みを整理していくことで、フェミニズム理論の進化に資することが本書の目的である。

2．なぜポストフェミニストを論じるのか

ポストフェミニストを分析対象としていく理由について、以下二つのことを述べることで、筆者の立場と狙いを明瞭にしておきたい。

一つ目に、フェミニズム不要論は、なんというのか、心をかき乱すものである。なぜなら、それは冷静な分析より前に道徳的非難の感情を聞く者に喚起するからだろう。筆者は当初、ほとんど反射的に、これは一握りの「恩知らず」な女性たちの言葉にすぎず、フェミニズムの成果を当然のものとして享受しながら、「男性強者に同化」して女叩きをする女性たちなのだろうと考えて、済ませていた。

しかし、気になるものについてはよく見てしまう。よくよく見ていくうちに、フェミニズムを批判するという形で、「女性」として声を上げる彼女たちの主張には、何か切実なものがあるのではないかということを感じとらざるをえなくなった。SNSにおいて草の根レベルのフェミニズムについての議論が活発化した2010年代中盤以降のことだ[★4]。彼女たちは、「フェミニズム」（ポストフェミニストが認識している意味での「フェミニズム」という意味である、鍵カッコは、ある意味を含めるときや強調のさいに用いる）が言語化してきた女性をめぐる議論に、何らかの違和感を持ち、「フェミニズム」の言う「女らしさ」とは異なる「女らしさ」を自負し、それを自分にとって重要なものと考えて

いるがゆえに、女性をめぐる議論に無関心ではいられないのではないか。

そうであるとすれば、フェミニズムが言語化してきた「女らしさ」とは異なる（かもしれない）ポストフェミニストが持っている「女らしさ」とはどのようなものなのかを明らかにしていくことが、現代の「女らしさ」のあり方を明らかにするものとなるだろう。

そもそも、フェミニズム自体が第二波フェミニズムから第三波フェミニズムへと変化しており、そのなかでポストフェミニストが持つ「女らしさ」を部分的に共有しながら発展してきたところもある（コラムI）。第三波フェミニズムを見ていれば十分だと思う人もいるかもしれない。それでもなお、本書が、第三波フェミニズムの議論の内部にとどまるのではなく、あえてポストフェミニスト

★3　本書において「ポストフェミニスト女性」というときには、ポストフェミニズム的な主張を持つ「女性」のことを指している。本書に掲載した筆者の調査データにおいて、トランス女性であることに基づいた意見や主張を収集することができなかった。データに、シス女性としてパスしているトランス女性の主張や、トランスであることをことさらに表明することなく端的に女性として主張しているものも含まれている可能性はあるが、識別することが難しかった。そのため、ここではシス／トランスの接頭辞をつけずに「女性」と表記する。

★4　フェミニズムに関する議論が多くなされているのは、ＳＮＳの中でもとくにTwitterである。日本国内のTwitter利用者数は２０１０年８月に１０００万人を越え、２０１７年に月間利用者数が４５００万人を越えた（Twitter Japan の２０１７年10月27日ＡＭ７：01のツイート（https://twitter.com/TwitterJP/status/923671036758958080　２０２０年１月２日閲覧）より）。

総務省情報通信政策研究所の２０１８年の調査では、日本のTwitterの利用者割合は10代で66・７％、20代で76・１％、30代で41・６％、40代で34・０％、全体で37・３％となっている（「平成30年度情報通信メディアの利用時間と情報行動に関する調査報告書」）。https://www.soumu.go.jp/main_content/000644168.pdf　２０２０年１月２日閲覧）。

の主張を取り上げて見ていくのは、「フェミニズム」に反対する形で声を上げる女性たちの主張や考えを見ていくことで、ネオリベラリズムがもたらした現代的な「女らしさ」のあり方が見えてくると、期待できるからである。

二つ目に、「現代では男女平等が実現されたので、フェミニズムは不要だ」という主張そのものは、言ってしまえば「誤り」だ。この社会が男女不平等な経済的・政治的構造を備えていることは、現代でも明瞭に残る男女賃金格差や、女性管理職率・女性政治家率の低さ等のデータを見ただけでも、明らかである。

もちろん、人によって思い描く「男女平等」の形が異なっており、現状の男女関係が望ましいと思う人が「男女平等になった」と言っていると考えられるケースは見られる。しかし、本書のデータから明らかになるように、ポストフェミニストはもう少し先進的で貪欲でもある。女性も能力に応じた要職につき社会的地位を得ていくことが当然だと考えているケースも多い。社会の中での男性と同等の活躍を目指す女性たちが、女性の社会進出と権利獲得のための運動を展開するフェミニズムに反対したり、「フェミニズムは終わった」という言説を採用したりするのはなぜなのか。そして、その感覚が一定の範囲で社会的に広まっていくのはなぜなのか。

このことを考えていくことは、「ジェンダー」とは何なのかに関する議論を一歩深めることに役立つ。「ジェンダー」を正確に説明するためには新たな別の一冊を必要とするので、さしあたり注［★5］も参照しつつ、ここではジェンダーとは「性別」のことだと了解して読み進めてほしい。「フェミニズムは終わった」という「感覚（sense, sensitivity）」が広まる要因についてはすでに多くの論者によって論じられてきているが、筆者はとくに、ジェンダーというものが「正しい／正しくない」のコードで認識できる社会的正義や公正の問題であるだけでなく、「魅力的である／魅力的でない（カッコいい／カッコわるい、美しい／美しくない）」のコードで判断される個人的な価値判断（趣味判断）の対象でもあるということが重要なポイントになると考えている。

例えば、現在、ファッション界を中心に、一瞥で性別がわからない「ジェンダーレス」が「カッコいい（cool）」ものとして流行しているが、この背景にはステレオタイプな「男らしい男」や「女らしい女」が魅力的だとされているという社会的了解がある。ここからは、既存の「男らしさ／女らし

★5　ジェンダーとは、個人の性自認（自分の性別を自分がどのように認知しているか）としての性別を指す。「男」、「女」、「中性」、「無性」、「男が数割、女が数割」など（そのほかにも多様な性自認がある）の性自認がある。このようにジェンダーは一方で「性自認としての性別」を意味する記述概念である。

個人は、社会的に成り立っている性別に関する認識枠組みに基づき、それを再解釈したり、それに抵抗を試みたりしながら、性自認を獲得する。現在の性別の認識枠組みは「男らしさ／女らしさ」の二分法をから成り立っており、個人はそのうちのいずれかに自らを位置づけるよう社会的に要請（強制）され、一貫した性別としてふるまうよう社会的に要請（強制）されている。とくに、「外見から判別される性別」らしくふるまうことが、周囲の他者から期待されることが多く、そうしなければ嘲笑されるなどの社会的制裁（サンクション）を受けるという社会的仕組みがある。ジェンダーという概念は、このような性別に関する社会的統制と強制性があることを指摘し、批判的に論じるための概念としても用いられている。ここでは、ジェンダーは既存社会の性別二元論を批判的に捉え、二元化された性別における社会的に異なった待遇や不利益などがあるという社会的不正義を批判するための批判概念として用いられている。

すなわち、ジェンダーとは記述概念であると同時に批判概念でもある、そのような概念である（第1章も参照）。

さ」というジェンダーコードに即したものであれ、その二分法を撹乱したり乗り越えたりするものであれ、いずれにしても、ジェンダーにまつわる人間のあり方が人々の価値判断の対象になっているということがわかる。ジェンダーは、「性的魅力」として自分自身や他者から価値判断されるものであり、また、ジェンダーは自分の生き方や美学、アイデンティティのあり方にも深く関わっており、「人間としての魅力」として自他から価値判断されるものにもなっている。そして、ジェンダーに関わることがらはこのような個人的な価値判断の範疇で捉えうるものと考えられている。

このことを踏まえると、「フェミニズムは終わった」という言説は、「フェミニズムを主張することは、流行遅れでカッコわるい」という価値判断（趣味判断）を伴ったものであったがゆえに流通したのだと考えることができるだろう。「カッコいい／カッコわるい」という価値判断を、「正しい／正しくない」という認識によって否定することは、原理的に不可能である。ポストフェミニズム的言説が広まる根本的理由は、このようなジェンダーという概念の特性によっている。

ジェンダーが、社会的正義の問題であると同時に、個人的な価値判断や個人の生き方、私的生活に関わるものでもあるという構造を持つものであったがゆえに、第二波フェミニズムは「個人的なことは政治的なこと」というスローガンによってフェミニズムの運動を活発化することができた。この二重性について、さらに丁寧に考えていくことが、ジェンダーについての考えを深め、現在ネオリベラリズムによって再編されているジェンダー・セクシュアリティのあり方を明らかにしていくことにつながるのではないか、というのが筆者の見通しである。個人的な価値判断（魅力的／魅力的でない）

として「女らしさ」を考える傾向がある「ポストフェミニスト」は、趣味判断の対象としてのジェンダーというあり方を考えていくのに最適の分析対象でもある。

3. 本書の構成

本書のパースペクティブを図式化すると、〔図0-1〕のようになる。矢印として示されているポストフェミニストのあり方を社会学的に検討することで、現代におけるフェミニズムと社会を見ようとするものである。

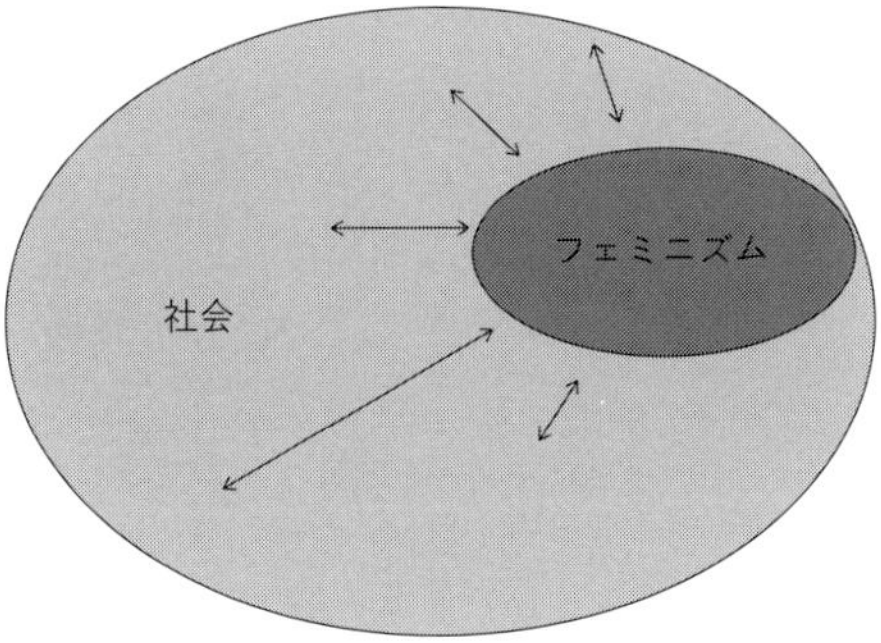

図0-1　社会におけるポストフェミニズム

おもに矢印の動きをみていくことになるため、濃いグレーの丸で描かれている「フェミニズム」とは何なのかについて、丁寧に説明するものではない。本書で扱われている「フェミニズム」は、ポストフェミニストから見たフェミニズム像であり、それに対するフェミニズムの側からの応答であって、現代のフェミニズムの全体像ではない。

第1部では、まず英米のポストフェミニズムに関する議論を紹介する（第1章）。次に2010年代中盤に英語文化圏で起こったハッシュタグ・ムーブメント「#WomenAgainstFeminism」を分析して、ポストフェミニストたちの「女らしさ」

についての考え方を明らかにしていく（第2章）。最後に、恋愛を楽しむこととフェミニズムを主張することは相性が悪いというステレオタイプイメージについて検討するため、ポストフェミニストの恋愛積極的態度に対する、フェミニストの批判を検討する（第3章）。

第2部からは、ポストフェミニズムというパースペクティブで、2000年代以降の日本を見ていく。日本では、2000年代前半に、フェミニズムに対するバックラッシュが起こった。その直後の2000年代後半から、若者の「保守化」が起こっていることは、多くの論者によって論じられてきた。ナショナリズム感情の高まり（反国際化志向の上昇）、権威主義的態度の強まり、「自民党支持率」の高まり、性別役割分業意識の高まり、そして性行動の不活発化など。ここではとくに、若い世代での性別役割分業意識（「夫は外で働き、女は家で家事育児をするべきである」）の支持率が高まったこと（第4章）と、性行動の不活発化が男女ともに起こっているということ（第6章）の二つについて詳しくデータを見ながら検討し、日本のポストフェミニズムはどのような特徴を持つものなのかについて考えていく。

また、若い世代の性別役割分業意識の具体的様相を捉えるために、恋愛積極的態度をとる女性たちが作り出した「めちゃ♥モテ」ブームを分析し（第5章）、「モテ」という語をめぐって形成されている「女らしさ」のあり方を見ていく。最後に、現代の若者の性と愛をめぐる実践とそれを構成する恋愛観や友人観を明らかにするため、「添い寝フレンド（ソフレ）」についての社会学的調査の結果を報告する（第7章）。

現代社会における「女らしさ」のゆくえについて、じっくり考えてみようと思う多くの方々に読んでいただけることを願っている。

フェミニズムはもういらない、と彼女は言うけれど
ポストフェミニズムと「女らしさ」のゆくえ

目　次

はじめに

第1部　英米におけるポストフェミニズム

第1章　ポストフェミニズムとは何か――3

1　ポストフェミニズムについて　これまでどのように語られてきたか　3

2　ポストフェミニスト女性論　16

3　ここまででわかったこと――第1章のまとめ　27

コラムI　第三波フェミニズムとポストフェミニズム　29

第2章　#WomenAgainstFeminism に見るポストフェミニストの主張――39

1　英語圏のアンチフェミニスト女性と

ポストフェミニスト女性の主張 39
2 彼女たちが「フェミニズムを必要としない」理由とは
——分析 45
3 ポストフェミニズム的主張の特徴——考察 51
4 「女性」として生きることの不安——第2章のまとめ 58

第3章 恋愛とフェミニズム 61
1 フェミニズムは恋愛積極的態度の何を問題視するのか 61
2 フェミニズムのポストフェミニスト批判 62
3 「男らしさ／女らしさ」を構成するもの
——「性別役割」と「性的魅力」 76
4 性的魅力をめぐるフェミニズムの立場 78
5 性的魅力強化への邁進が引き起こす問題
——第3章のまとめ 80

第2部　日本のポストフェミニズム

第4章　バックラッシュ以後の性別役割意識の強まり――89

1　2000年代後半以降の若い世代の「保守化」　89
2　若い世代の性別役割意識の強まり　91
3　性別役割意識の上昇の要因は何か　96
4　現代を生き抜く戦略としての柔軟な性別役割意識
　――第4章のまとめ　104

第5章　恋愛積極的態度が生み出す性別役割――107
「めちゃ♥モテ」ブームの分析

1　2000年代の空前の「モテ」ブーム　107
2　「めちゃ♥モテ」ブームとは何か　109
3　「かわいい」から「モテる」というロジックと
　「女らしさ」の再編成――分析1　116

4　誰も脅かさない「かわいい」世界の構築——分析2　123
5　「モテ」という恋愛積極的態度が生み出すもの——考察　128
6　日本のポストフェミニズム的社会現象としての「めちゃ♥モテ」ブーム——第5章のまとめ　131
コラムⅡ　「モテ」と女らしさと外見美——「モテ」が生み出す力学　132
第6章　性解放の終焉？——若い世代の性行動の不活発化　139
1　はじめに　139
2　2000年代後半に見られる性行動の不活発化　140
3　性行動の消極化と異性友人関係の変化　144
4　恋愛積極的女性の性行動　153
5　性解放後の若者の性行動——第6章まとめ　158

第7章　現代の異性友人関係——ソフレ（添い寝フレンド）の調査から 161

1　はじめに 161
2　20代ソフレ経験者へのインタビュー——調査方法 167
3　ソフレ経験者の恋愛・性愛観——分析 170
4　ソフレ関係を可能とするもの——第7章まとめ 185

おわりに 191
あとがき 197
文　献

第1部

英米における ポストフェミニズム

第１章

ポストフェミニズムとは何か

1　ポストフェミニズムについてこれまでどのように語られてきたか

1．バックラッシュからポストフェミニズムへ

英米を中心とした英語圏におけるポストフェミニズムが登場するまでの見取り図を描くと、１９７０年代の第二波フェミニズムの盛り上がり、１９８０年代のフェミニズムに対するバックラッシュの発生、１９９０年代以降のポストフェミニズムの定着と整理できる。

第二波フェミニズムは、１９６０年代後半の「新しい社会運動」（学生運動や環境運動、市民運動）とともに生まれ、１９７０年代に多くの女性団体が作られて盛り上がった。「男らしさ」や「女らしさ」という社会的規範を疑うという姿勢は、第二波フェミニズムの運動の中で広がってきたものである。

だが、1980年代には、フェミニズムによって社会が変わっていくことに不満や不安を持つ人たちが、保守団体のもとに集まり、アンチフェミニズム運動を繰り広げた。この時期のフェミニズムへの攻撃の激化や、アンチフェミニズム的風潮の強まりを、フェミニズムに対するバックラッシュ(「揺り戻し」の意味)という。

保守派は、「伝統的」な性別役割分業に基づいた家族を重視する価値観を持ち、男女平等を求めるフェミニズムを女性のエゴイズムとして批判した。アメリカの宗教保守と政治保守は、社会のリベラル化への危機感から1970年代後半に急速に近づき、大規模な組織を作り上げた。カリスマ的なテレビ伝道師(televangelist)ジェリー・ファルウェルを先導役とする「モラル・マジョリティ」がその代表的な例として挙げられる[★1]。同団体は、1980年の大統領選で、アンチフェミニズム的態度を隠さないレーガンを大統領に押し上げた一大勢力でもある。これらの保守系団体は、人工妊娠中絶反対運動やアメリカ合衆国憲法への男女平等条項追加(ERA: Equal Rights Amendment)への反対運動などを繰り広げた。またマスメディアにおいては、フェミニズムによってもたらされた日常生活における男女間の関係の変化を否定的に捉える論調が増え、社会全体においてアンチフェミニズム的な風潮が広がった(Faludi 1991=1994)。

このようなバックラッシュの雰囲気の中、若い世代の女性たちがフェミニズムから離れているという記事が、1980年代頃から出るようになる(Faludi 1991=1994, Haywood et al. 2006: 252-253)。「フェミニズムから距離をとる女性」を「ポストフェミニスト」と呼ぶという用法はマスメディアが使い始めたものであり[★2]、女性たちの自称というよりも、他の人が彼女たちを指して呼ぶ他称である。ファラディは『バックラッシュ』（1991=1994）において、「フェミニズム無用論」を主張する女性たちをマスメディアがことさら報じることはバックラッシュの一種であると論じている（1991=1994 : 20）。ただし、早い時期に「ポストフェミニスト」という語を用いたボロティン（1982）は、70年代にフェミニズム運動にコミットしてきた彼女が、フェミニズムをめぐる状況の変化を真摯に捉えようとした記事である。ポストフェミニストという語の普及と定着の背景に、バックラッシュというアンチフェミニズム的潮流があったことは無視できないが、「ポストフェミニスト」に関する議論のすべてを一概に「アンチフェミニズム」的なものとみなすことはできない。

★1　活動家のフィリス・シュラフリー（1924–2016）は、保守団体イーグル・フォーラムを立ち上げ、フェミニズムの伸張に疎外感を持つ白人中流階級の主婦たちを巻き込んで、STOP-ERAキャンペーンを成功させた。これは、アメリカ合衆国憲法への男女平等修正条項追加（ERA）の実現を阻止しようとするものである。実際、保守運動により、成立に必要な38州の批准が得られず、1982年6月30日に不成立となった。
　他にも宗教保守系でとくに女性に支えられた運動として、1990年代にベストセラーとなる『レフト・ビハインド』シリーズの著者で、福音派の牧師ティモシー・ラヘイ（1926–2016）の妻の Beverly LaHaye が1979年に創設した「Concerned Women for America（アメリカを憂える女性たち）」などがあり、全米においてこの時期にいくつもの保守団体ができている。

★2　例えば、Susan Bolotin, 1982, "Voices of the Post-Feminist Generation", *New York Times Magazine*, October 17, Mona Charen, 1984, "The Feminist Mistake", *the National Review*, March 23, Nancy Gibbs, 1992, "The War against Feminism," *Time*, March 9, Ginia Bellafante, 1998, "Is Feminism dead ?", *Time Magazine*, 29, June 25 などがある。

2. 記述概念かつ批判概念としてのポストフェミニズム

1990年代には、フェミニズムから距離をとる若い世代の女性を「ポストフェミニスト」と呼び、そのような女性たちがメディアなどを通して頻繁に表象されるようになった社会的状況を「ポストフェミニズム」と呼ぶ用法が広く見られるものとなった（Hall & Rodriguez 2003、Genz & Brabon［2009］2018）。「ポストフェミニズム」という語は、フェミニズムの「後」の社会状況や時代を意味するものであるが、研究者は、現代社会を批判的に捉えるための概念としてこの語を用いてきた。つまり、ポストフェミニズムとは記述概念であると同時に批判概念である。

これは、ちょうど、「ジェンダー」という語が記述概念であり、また批判概念でもあるというあり方に似ている。ジェンダーは、既存の社会的秩序の中で成り立っている「性別」を記述する概念［★3］である（はじめにの注5も参照）と同時に、既存のジェンダーをめぐる社会的秩序を批判的に捉えるまなざしを伴った概念でもある。「性別」のことを「ジェンダー」と言うときには、これまでの運動的成果と学的知見に基づいて、「男／女」の二分法を越えた多様な性のあり方を構想し、それを肯定的に捉えていこうとする姿勢も含まれている。

現状の社会を批判的に捉え、現状とは異なる新しい（＝オルタナティブな）社会を構想しようとする思想が用いてきた概念には、このような用法をとるものがいくつかある。ポストフェミニズムという語も、ただたんに現状を「フェミニズム以後」と捉える記述概念としてあるだけでなく、現代をフェミニズム以後の社会と捉える感覚が広がるような社会状況を批判的に捉えるまなざしを伴っており、その批判を通してより良いフェミニズムや社会のあり方を目指そうとする姿勢を持っている。

例えば、「ポストフェミニズム」とは「一般的なジェンダー間の平等はもはや達成され、フェミニズムは必要なくなってしまったという状況や、フェミニズムは使い尽くされてしまったという状況を示すための言葉」（田中 2012：6）であるという場合、これは記述概念としてのポストフェミニズムの説明と言える。また、ポストフェミニズムとは「フェミニズムを終わったものとして認識させ、フェミニズム的な価値観を周縁化し、それによってジェンダーとセクシュアリティの秩序を再編する社会状況」（菊地 2019：98）であるという場合、これは批判概念としての「ポストフェミニズム」の定義と言える。

本書では、ポストフェミニズムとは、ポストフェミニストの存在がメディア等において可視化されるようになり「フェミニズムは不要だ」という感覚が広がる社会的状況のことを指すと定義し、この状況を批判的に検討していく［★4］。

3．ポストフェミニズム論の展開

1990年代から2000年代前半には、「若い女性のフェミニズム離れ」という社会的現象が、

★3　ジェンダーという語は、もともと生物学的性差を表す「セックス」から区別される「文化的・歴史的に構築された性差を表す」ものとして登場してきたが、セックス／ジェンダーの二分法は、90年代以降のポストモダンフェミニズムによって脱構築されて現在に至っている。この点については紙幅の関係上、割愛する。

若い女性のトレンドの一つとして注目され研究されてきた。この時期のポストフェミニズム研究は、女性ファッション誌やテレビ、映画、小説等を扱うメディア文化研究やポップカルチャー研究、ユースカルチャー論などにおいてなされていた。

女性の多様な意味づけを目指す第三波フェミニズムやポピュラーフェミニズムともゆるやかに関連しながら形成されていたのがポストフェミニズムであり（コラムⅠも参照）、高度消費社会からなるポストモダニティの中での「女性」の多様化の一つとして論じられてきた。

だが、2000年代後半以降になると、ポストフェミニズム論は、人々にフェミニズムを終わったものとして認識させるような社会的状況や社会構造の分析を行う研究へと深まってくる。グローバル化に適応した経済的・政治的制度への改革を進めるネオリベラリズムが、フェミニズムは終わったと感じさせる文化的潮流としてのポストフェミニズムを支えているのではないかという議論が多くなされるようになった（McRobbie 2009、Gill & Scharff 2011、河野 2017、Genz & Brabon［2009］2018、菊地 2019）。

ネオリベラリズム（neo-liberalism）は、大きく二つの時期に分けて論じることができる（武川 2007、2013、三浦 2012）。70年代のニクソンショックに端を発する金融のグローバル化や、70年代のオイルショックによる先進国の低成長時代への突入といった変化を受けて、1980年代には英米で同時期にネオリベラル政権が確立し、国家をあげてネオリベラリズム改革を進めていった。そのため、先進国における国家主導のネオリベラリズムの進展については、英米をモデルにして論じられることが多い［★5］。

第一期は保守党政権によって進められたネオリベラリズムで、英米の1980年代から1990年代半ば頃までがそれに相当する（79年〜英サッチャー政権、81年〜米レーガン政権）。公的領域に市場原理を導入して民営化を進め、労働組合を解体して労働者の連帯を弱体化し、大企業の国際競争力を高めるための税制・制度改革が始まった。国内的には「古き良き家族」という道徳を国民に称揚して国民への給付を削減し、対外的には武力行使も辞さない強い権威主義国家の態度をとった。これらの「改革」によって、グローバル化が進む世界での経済的地位を維持・回復した。しかし、中流層が解体されて貧困層が増大し、経済格差の拡大によって社会分裂の危機がもたらされた（Harvey 2005=2007）。

第二期はリベラル（中道左派）政権によって進められたネオリベラリズムで、1990年代中盤以降が相当する（93年〜米クリントン政権、97年〜英ブレア政権）。「個人の自由、選択、解放」の重視、「コミュニティの再生（地方分権）」と、多様な人々の「社会的包摂」というリベラルな主張をしながら、保守政権と同様のネオリベラルな経済的制度改革を行ってきた。とくにイギリスでは、経済的な

★4　筆者は、ポストフェミニズムという現状認識を批判的に捉える議論を、ポストフェミニズム論と呼び、現代をフェミニズム以後の時代だと捉えている人のことをポストフェミニストと呼ぶというように使い分け、記述概念としての「ポストフェミニズム」なのか批判概念としての「ポストフェミニズム」なのかを明瞭にすることが議論を理解しやすくするのではないかと考えている。したがって、以下、できるところではなるべく「ポストフェミニスト／ポストフェミニズム論」と使い分けるようにする。ただし、両方の意味が込められた「ポストフェミニズム」という語を使わざるをえないところも多く、すべてにおいて使い分けられるわけではない。

★5　福祉社会学者の武川（2013：1-2）は、英米が第一期を15年、第二期を15年かけて経験してきたが、日本は2000年代の5年ずつ、計10年間で経験したという見方を示している。

国際競争力を維持しながら福祉国家を維持するためという名目のもと、国家給付のあり方を「ウェルフェアからワークフェアへ（給付から雇用保障へ）」と大胆に切り替えた。ワークフェア（workfare）とは、国家が職業訓練機会を提供して就労を促し、求職活動や職業訓練の受講などの条件を満たした人に社会的扶助給付を行うという原則を強めた労働・社会保障政策である。

また、産業構造の転換とサービス産業の増加に応じて、女性の就労が政府主導で促された。リベラル政権はコミュニティへの予算配分を増やしてソーシャルワーカーや保育機関の充実を図り、ワークライフバランスキャンペーンを主導したり、男性の家事育児参加のためのインセンティブ設計・実装（育休制度など）を試みたりして、ダブルインカム（共働き）世帯の「標準化」を進めてきた。2010年代以降は、「ダイバーシティ（多様性）」（多様なバックグラウンドを持つ人々を社会的に包摂していこうという意味）のスローガンのもと、女性や障害者、異なる宗教やエスニシティを持つ外国人、定年退職後の高齢者などを積極的に職場に包摂することで、国家による給付負担を減らし、人々の自助努力を求める政策を進めてきた。欧米における同性婚の法制度化を通して、同性カップルを「家族」として社会に包摂することも、ネオリベラリズムの中で進められてきた。

「フェミニズムは必要なくなった」というポストフェミニズムの感覚は、第二期ネオリベラリズムの中で広まってきたものである。女性にも就労の自由やキャリア継続の道を開くこと（＝女性の経済的自立）という第二波フェミニズムの目標は、それが資本や産業界の要求とも合致したものであったがゆえに、政府によって進められてきた。その結果、性別を問わない多くの労働者の雇用期間の短期化と雇用形態の柔軟化（これは雇用の不安定化を意味する）という形での、「男女平等」が「達成」（皮肉的な意味を込めて、カギカッコを付けている）されることになる。

このような統治権力の変化を受けたポストフェミニズムの登場を、フェミニズムの思想的困難《デッドロック》のありかを示すものとして受け止めるのが、ポストフェミニズム論である。若い世代のフェミニズム離れを一部の女性たちの態度にすぎず、これまでもあったことだとして無視し続けることは、フェミニズムそのものの妥当性や正当性を掘り崩していくことにつながるのではないかという危機感が、その根底にある。

日本のポストフェミニズム論の状況を振り返ってみると、1990年代末から2000年代前半には、若い女性のフェミニズム離れというトレンドについての研究は、あまりなされてこなかった。同時期にフェミニズムに対する大規模なバックラッシュが起こったことも影響しているものと思われる。日本においてポストフェミニズム研究が本格的に始まったのは2010年代以降だ。そのため、1990年代から2000年代前半までの英語圏のポストフェミニズム研究に見られたような、ポストフェミニスト女性そのものを調べ、その主張や考えについて検討する研究は、日本では比較的手薄になっているように思われる。

そこで、本書では、ポストフェミニストの「女らしさ」をめぐる考えや主張がどのようなものかということを中心に見ながら、ポストフェミニズムの社会学的考察を目指す。

4．ポストフェミニストとアンチフェミニストの違い

少し歴史をふりかえってみると、フェミニズムに反対する女性たちというのはフェミニズム成立期からずっと存在してきたことがわかる。従来、彼女たちはアンチフェミニストと呼ばれてきた。19世紀大英帝国のヴィクトリア朝文化の中で「女らしさ」を体現する淑女（Lady）の多くは、19世紀後半からの婦人参政権獲得運動に対して当初、反対の立場をとった（Bush 2007）。1870年代のヴィクトリア女王自身を筆頭に、当時の著名な女流小説家たち（メアリー・ハンフリー・ワードなど）が反フェミニズム陣営に名を連ねている。

20世紀後半の第二波フェミニズムの時期においても、フェミニズムが主婦の価値を貶めるものなのではないかという不安を煽られた専業主婦たちが、保守派のアンチフェミニズム運動に参加し、活発に活動した。アンチフェミニズム運動の先導者として、自称主婦で活動家のフィリス・シュラフリー（注1も参照）がよく知られている。

それに対して、近年登場しているポストフェミニストは、ジェンダー平等が望ましい目標であるとするフェミニズムの価値観を共有しているという点で、これまでの保守的なアンチフェミニストとは決定的に異なっている。ポストフェミニストは、ジェンダー平等を善とし、女性の参政権はもちろん、職業選択の自由や性的自由などのあらゆる自由を男性と同等に女性も持つべきだという主張を認めたうえで、「現代社会ではそれらがすでに達成されたので、フェミニズムは歴史的使命を終えた」という考えを持っている。

表1-1　フェミニズム，バックラッシュ（アンチフェミニズム），ポストフェミニズムの違い

	フェミニズム	第一のバックラッシュ	第二のバックラッシュ	ポストフェミニズム
規範 ジェンダー平等は望ましい目標	○	× or △ 「留保付きのジェンダー平等観」を肯定	○ or △ 「留保付きのジェンダー平等観」を肯定	○
認識 現代社会においてジェンダー不平等がある	○ 女性が不利益を被っている	△ 「ジェンダー不平等」という問題はない	○ 男性が不利益を被っている	× ジェンダー不平等はない
実践 ジェンダーに関する政治的・社会的な運動が必要	○ フェミニズム運動が必要	○ アンチフェミニズム運動が必要	○ アンチフェミニズム運動が必要	× ジェンダーは運動をするような問題ではない

ジョーダン（2016）の語句を一部修正し，さらに「第一のバックラッシュ」と「第二のバックラッシュ」の区別を設けた。

このようなアンチフェミニストとポストフェミニストの違いを定式化した議論として、ジョーダン（2016）がある［表1-1］。

「第一のバックラッシュ」とは、すでに説明してきた80年代の英米（2000年代前半の日本）で起こったものを指す。ジェンダー平等という理念を社会的に望ましいものとみなさないか、もしくは留保付きのジェンダー平等（例えば、「男女は異なっているが対等だ（different but equal）」というジェンダー観）を支持し、現代社会においてジェンダー不平等は問題ではないという現状認識のもと、フェミニズムに対抗するための運動が必要だと考える思想を指す。

それに対して、ポストフェミニズムとは、ジェンダー平等が社会的に望ましい目標であるという規範をフェミニズムと共有しているが、現代では男女平等は達成されたので政治的・社会的なフェミニズム運動は必要ないとする思想を指す。

加えて、ジョーダン（2016）が調査対象としたのは、近年の新しいバックラッシュ（表では「第二のバックラッシュ」とした）に見られる「アンチフェミニズム」である［★6］。（父親権利運動（father's rights movement）や男性権利運動（men's right movement）、両者はそれぞれ別に発展してきたものだが、以下この二つを合わせて「父親・男性権利運動」という略称を用いることにする）は、英語圏を中心に1990年代頃に始まり、2000年代に活発化し、2010年代に無視しえない勢力として拡大してきた新たなアンチフェミニズム勢力である［★7］。1980年代のバックラッシュが、「伝統的」な性別役割に基づいた家族を重視する保守派によって引き起こされたものであったのに対し、現在の父親・男性権利運動に先導されるアンチフェミニズムは必ずしも保守的なジェンダー観を持っているとは限らず、ただ「フェミニズム」への反発や敵対という一点において結集しているものと言える。第二のバックラッシュとは、ジェンダー平等を望ましい規範とするが、「現代では男性が不利益を被っている」という現状認識を持っており、それゆえ「男性の優位性を取り戻す」ためのアンチフェミニズム運動が必要だとする思想を指す。

以上のような「フェミニズム」「アンチフェミニズム」「ポストフェミニズム」は、社会学で言うところの「理念型」であり、それぞれの思想の特徴を論理的に純粋化して取り出して概念化したものである。現実においては、これらの思想が混じり合ったものとしてある。

アンチフェミニズムとポストフェミニズムの行動レベルの違いを見ると、アンチフェミニズムはジェンダーをめぐる社会運動を行うが、ポストフェミニズムはジェンダーをあくまでも「個人的な問題」として捉え、社会的・政治的運動のテーマではないと考えるため、運動を起こさない。

このような分析対象の特性の違いは、研究方法の違いをもたらす。アンチフェミニズムとは何かを明らかにするためには、組織化された運動体を調査することで目的を達成できる(小熊・上野 2003、山口・斎藤・荻上 2012、鈴木 2019)。それに対して、ポストフェミニズムはそもそも運動体を形成して活動するわけではないため、この研究手法がとれない。

★6　ジョーダンは、イギリスで最もよく知られている父親権利運動「Fathers 4 Justice」(F4J、リーダーは Matt O'Connor、2002年〜)の支部組織「(Real) Fathers 4 Justice」(RFFJ、こちらは「4」ではなく「F」が正式な略称表記のメンバー9人(男性8人、女性1人)に対するインタビュー調査に基づいて、表1-1のような概念化を導出している。

「F4Jブランド」は英語圏を中心に各地に広がっており、アメリカ、カナダ、ニュージーランド、オーストラリア、フランス、ドイツ、インド、イスラエル、ポルトガル、スペイン、スイスでのF4Jの活動レポートを確認することができる(Jordan 2016 : 34-5)。ちなみに、イギリスでは、F4Jのリーダーであるオコナーと意見をたがえる人たちによって「New Fathers 4 Justice」が2008年に設立されている。

また、RFFJのメンバーだったマイク・ブキャナンは、2012年にアンチフェミニズム的な政党である「Justice for Men and Boys (and the Women Who Love Them)」(J4MB)を立ち上げた。ブキャナンは当時の首相デイビット・キャメロンの「女性支持的で男性敵対的な政策」を批判し、自身の政党を「少年と男性の人権を主張する唯一の政党」と謳っている。

★7　1970年代頃から始まった男性運動(men's movement や men's liberation)にはフェミニズム親和的なものが多いが、近年の父親権利運動や男性権利運動の多くはフェミニズム敵対的である。

そこで、ポストフェミニストの主義主張を明らかにするためには、あくまでも個人的な意見主張のかたちで表明されたポストフェミニズム的な主張や態度を収集するという方法や、ポストフェミニズム的とみられる社会的・文化的流行現象を分析対象とするなどの方法をとる必要がある。ポストフェミニズム研究が、メディア文化論やポップカルチャー論として発展したのは、このためと考えられる。

2 ポストフェミニスト女性論

1．若い女性のフェミニズムに対する態度についての調査からわかること

これまでのポストフェミニズムやポストフェミニストに関する社会科学的な研究は、大きく次の二つの方法によって進められてきた。第一に、若い女性たちのフェミニズムに対する意識や態度についての社会学的調査であり、第二に、マスメディアやポップカルチャーにおける女性表象についてのメディア文化論やカルチュラルスタディーズである。

最初に、2000年代までになされてきたいくつかのポストフェミニズム的態度に対する社会学的調査をみていくことで、ポストフェミニストの主張や態度の輪郭を明らかにしていこう。

自称フェミニスト率の低さ

「若い女性のフェミニズム離れ」が本当に起こっているのかどうかを知るためには、フェミニスト割合の変化を知ることができればよい。とくにフェミニズム運動が最も盛んだった1970年代と1990年代とを比較できることが望ましいのだが、管見の限り、フェミニスト割合を継続的に出している統計調査は見あたらなかった。

1990年代以降のフェミニスト率については、例えば、CBSニュースの世論調査を目安にすることができる[★8]。「あなたは自分自身をフェミニストだと考えますか（Do you consider yourself to be a feminist or not?）」という質問に対し、「はい」と答えた人の割合は、1992年に21%、1997年26%、1999年20%、2005年24%、2015年38%となっている。2010年代のフェミニズム「流行」期（高橋 2020b）にフェミニスト割合が上がっていることがわかる。

例えば1997年調査を見てみると、すべての年齢の女性の3／4が「女性の地位は過去の25年間に改善した」と答えるにもかかわらず、自らをフェミニストとしたのは、およそ1／4にとどまって

★8 （「CBS news」HP内のSean Alfanoによる2005年10月22日の記事"Poll: Women's Movement Worthwhile" https://www.cbsnews.com/news/poll-womens-movement-worthwhile/ 2018年11月5日閲覧。および、同ホームページ内Alexander Tinによる2018年8月22日の記事"More millennial women are "feminists," though overall enthusiasm for the term remains low" https://www.cbsnews.com/news/more-millennial-women-are-feminists-though-overall-enthusiasm-for-the-term-remains-low/ 2018年11月8日閲覧）。

いる（１９９７年調査）。ここから、女性の社会的地位の改善を肯定的に捉えているにもかかわらず、それを推し進めてきたフェミニズムに対しては距離をおき、フェミニストと自称することを避けている女性たちが全体の半数程度いると推測できる。男女平等の理念が浸透していく社会の中で、フェミニストが忌み遠ざけられるさまを見ていると、フェミニストはあたかも男女平等社会を成り立たせる人身御供（scapegoat）かのようだ。

ボクサー（1997）は、このCBSニュース世論調査結果に表れた「女性の地位向上の肯定」と「自称フェミニスト率」との乖離を、「フェミニスト」という語の「多義性」によるものであると指摘している。もう少し言えば、「フェミニスト」や「フェミニズム」に対する否定的意味づけがあるために、自称フェミニスト率が押し下げられているというのがボクサーの示唆だ［★9］。

では、「フェミニスト」や「フェミニズム」に付与されている否定的意味とは具体的にはどのようなものだろうか。

ステレオタイプなフェミニズム像

ポストフェミニストの登場やポストフェミニズム論の登場を受け、若い女性のフェミニズムに対する態度や主張を主題的に調査したものとして、アロンソン（2003）がある。これは、１９９６－９７年に行われた調査で、アメリカの「若い女性」（１９７３年生まれ、調査時23－24歳）40名［★10］のフェミニズムに対する意識や考えについてのインタビュー調査である。以下では、アロンソンの調査結果を主軸にしつつ、シーゲルの調査結果も紹介しながら、フェミニズムに対するステレオタイプイメージをまとめていく。

アロンソンの調査では、これまでの若い女性のフェミニズムに対する態度調査が、白人中流階級女性に偏りがちだった点を反省的にふまえ、階級とエスニシティに配慮した調査対象者の選択が行われている。インタビューの中で示された態度をもとに、アロンソンは女性のフェミニズムに対する態度を5つに分類している（有意抽出であり標本規模も小さいが、適切な割当がされているとすればある程度は代表性があると考えられるので、カッコ内に対象者全体の内の割合を記載した）。「フェミニスト」（調査対象者の14・3％）、「フェミニストだが、しかし（I'm a feminist, but …）」（9・5％）、どちらとも決めていない「フェンスシッター（fence sitter）」（31％）、「フェミニストではないが、しかし（I'm not a feminist, but …）」（19％）、「フェミニズムについて考えたこともない」（26・2％）である（Aronson 2003 : 913-917）。

★9　アメリカのあるカトリック大学の女子大学生（白人率90・4％、カトリック教徒率89・4％）の悉皆調査を行ったレンツェッティ（1987）の調査でも、フェミニスト割合は同程度のものとなっている。「私は自分をフェミニストだと考えている」に賛成したのは全体の27・3％で、およそ半数が「フェミニストではない」と答え、23・4％が「決めていない」と答えている。

★10　1988年にミネソタ州セントポールの9年生のリストからランダムサンプリングした1000名に対するパネル調査を1995年まで行っており、アロンソンはさらにそのなかから、階層、エスニシティ、人生経験（life experience）――具体的には学歴、職業――に配慮して調査対象者を有意抽出している。その結果、調査対象の構成は、エスニシティ別に見ると33％の有色人種を含んでおり、出身階級別に見ると、労働者階級31％、ミドル階級48％、アッパーミドル階級21％となっている。

まず、何の留保もつけずに、自分のことをフェミニストだと述べたのは、インタビューした40名の内の6名で、全員大学で女性学の講義を受けた経験を持っていた。対極的な位置にいるのが、「フェミニズムについて考えたこともない」で、この層は大学教育を受けておらず、シングルペアレントになっている人の割合が高く、DVなどの問題を抱えている人の割合も高かった。フェミニズムに対する意識や態度の違いに社会経済的な階級差があるかもしれないということを示唆するものと言える。

次に、フェミニズムに対する曖昧な態度と言える、「フェミニストだが、しかし」、「フェンスシッター」、「フェミニストではないが、しかし」を見ていこう。とくにフェミニズムに対するどのような否定的イメージを持っているのかのみに注意して見ていくと、大きく次の3つの特徴が浮かび上がってくる。

第一に、フェミニストは女らしくないというイメージだ。具体的には、「フェミニストは女らしさを拒否している」、「フェミニズムは行き過ぎて」いて、「つねに怒っておりラディカルである」、「私は自分のことを強くフェミニストだと思っているが、しかし私はつねにフェミニズムを主張するタイプではない」（Aronson 2003: 915）、「私は毎日出かけて、女性の権利や機会の平等について主張したりはしない。基本的に毎日それ（女性の権利や機会の平等）について考えているわけではない」（Aronson 2003: 916）などだ。ここからは、「フェミニストとはつねに怒っていて、主張し続ける人だ」というステレオタイプイメージがあり、それが「女らしくないもの」として否定的に意味づけられていることがわかる。

　第二に、フェミニストであることと恋愛を楽しむこととは両立しないというイメージで、具体的には、「フェミニズムを主張することは男性を遠ざけることである」（Aronson 2003 : 915）、「フェミニズムは男性からの分離主義だ」、「私は男性叩きをしたくない……私は男性が好きなので」（Aronson 2003 : 916）、「私の彼氏の姉妹がフェミニストなのだが、彼女は、決して子どもを持たないだろうって言っている。彼女はたぶん決して結婚もしないと思う。それはいいのだけれど、それは私が求めているものではない」（Aronson 2003 : 916）、「私は男性嫌いになりたくない」（Aronson 2003 : 917）などがある。ここからは、フェミニズムを主張することは男性への敵対性を作り出すものというステレオタイプイメージが存在しており、自分がフェミニストと自称することで、身近な男性との関係が悪化するのではないかと恐れるために、フェミニストというラベルを拒否していることがわかる。

　第三に、フェミニズムに反対したり、それから距離をとったりする理由として、少なくとも自分は男女差別にあったことがなく、自分の周囲で男女差別にあっている人を見たこともないからという主張が見られる。「たぶん、私より少し年上の人たちは差別にあったりそれを見たことがあったりしたかもしれないが、自分が実際にそれを経験したことはない。だから、もし私が差別を経験していたら、フェミニストになったかもしれないけれども、見たことも経験したこともないから……」（Aronson 2003 : 915）、などがある。これは、アンチフェミニズムには見られない新しい時代のポストフェミニストならではの現状認識と言える。まとめると［図1-1］のようになる。

　これらの女性たちもまた、基本的には男女の平等賃金、女性の経済的自立、女性の性的自由やリプ

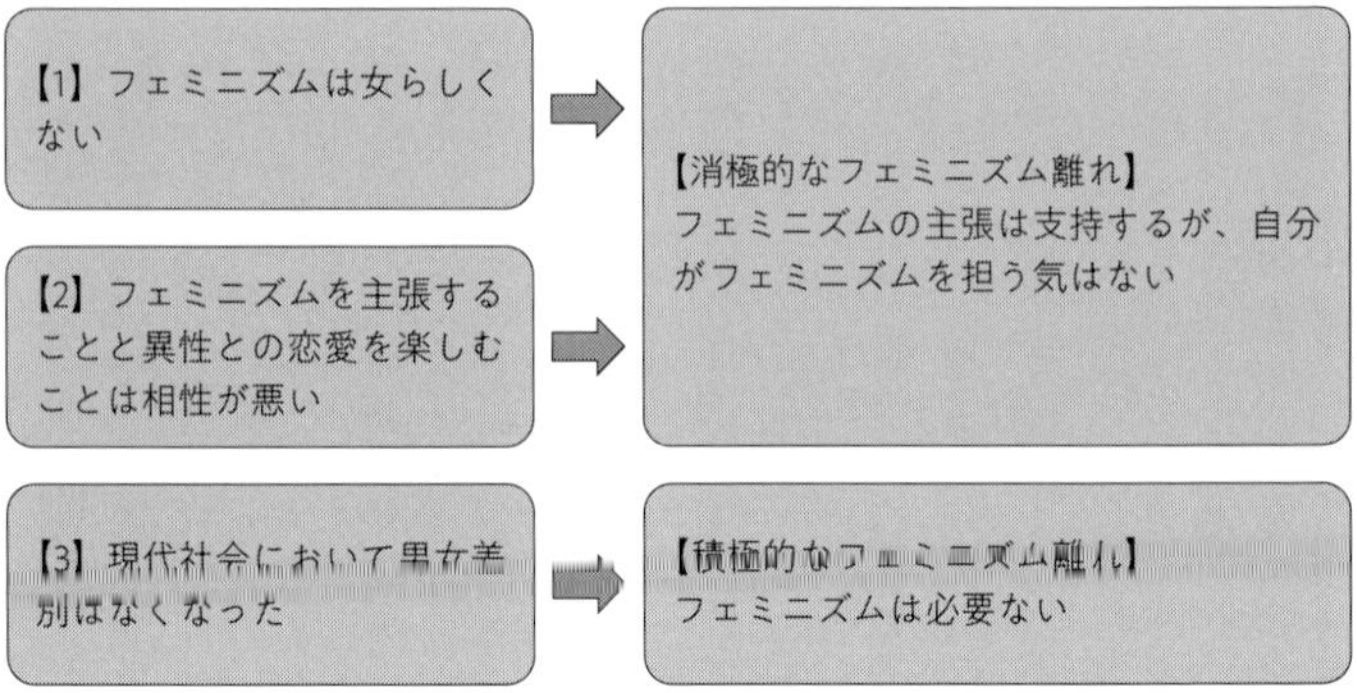
【1】フェミニズムは女らしくない
【2】フェミニズムを主張することと異性との恋愛を楽しむことは相性が悪い
【3】現代社会において男女差別はなくなった
【消極的なフェミニズム離れ】フェミニズムの主張は支持するが、自分がフェミニズムを担う気はない
【積極的なフェミニズム離れ】フェミニズムは必要ない
図1－1　ポストフェミニズムへの経路

ロダクティブ・ライツなどのフェミニズムの主張は支持すると述べている場合が多い。つまり、フェミニズムの主張は支持するが、自分がフェミニズムを担うことに躊躇していることがわかる。

「フェミニズムは女らしくない」、「フェミニズムを主張することと異性との恋愛を楽しむことは相性が悪い」というステレオタイプイメージの保有は、「フェミニズムの主張は支持するが、自分がフェミニズムを担う気はない」という消極的なフェミニズム離れをもたらしていると推論できる。また、「現代社会において男女差別はなくなった」という現状認識が「フェミニズムは必要ない」という積極的なフェミニズム離れをもたらしていると推論することができる。

2．ポップカルチャーにみるポストフェミニスト

『ブリジット・ジョーンズの日記』に見るポストフェミニスト女性像

「積極的なフェミニズム離れ」について、より具体的に明らかにしてくれるものとして、メディア文化論やポップカルチャ

ー論における女性表象分析がある。

カルチュラルスタディーズの発祥地バーミンガム大学（イギリス）で、フェミニズムの立場からカルチュラルスタディーズを担ってきたアンジェラ・マクロビーは、『フェミニズムの余波（Aftermath of Feminism）』（2009）において、次のように論じている。1990年代頃からイギリスでは、フェミニズムに対してアンビバレントな態度をとったり、フェミニズムを必要ないと主張したりする若い女性像が、ポップカルチャーにおいて頻繁に見られるようになっており、これがポストフェミニズムという社会・時代の特徴を成している（McRobbie 2009: 12）。

なかでもマクロビーが、ポストフェミニストの典型例として挙げるのが『ブリジット・ジョーンズの日記（Bridget Jones's Diary）』（原作1996年、原作者ヘレン・フィールディング、以下『ブリジット』と表記）の主人公ブリジットだ。「ブリジット・ジョーンズの感染しやすいガーリッシュネスは、明らかなポストフェミニストという世代的ロジックを作り出している」（McRobbie 2009: 12）。

2001年公開の同映画は世界中の女性の共感的支持を得て大ヒット［★11］し、女性向け映画を意味する「チックフリック（chick flick）」というジャンル確立のきっかけとなった。続編となる映画2作目［★12］は2004年に、3作目［★13］は2016年に公開されている。『ブリジット』は、他のメデ

★11 小説『ブリジット・ジョーンズの日記』は、英国内で500万部を売り上げ、30か国語に翻訳されている。映画『ブリジット・ジョーンズの日記』は、世界中で1億6000万ドルの興行収入を達成した（Gill & Herdieckerhoff 2006）。

★12 『ブリジット・ジョーンズの日記――きれそうなわたしの12か月（Bridget Jones: The Edge of Reason）』。

ィア文化論者やポップカルチャー研究者においても、ポストフェミニズムという文化状況の典型を示す作品の一つとされている（Genz & Brabon［2009］2018など）。そこで、『ブリジット』について、詳しく見ていこう。

ブリジットは、ロンドンで働く30代の未婚女性で、経済的自立と性的自由を謳歌している。それまでも数多く作られてきた「働く女性もの」ドラマ・映画と異なるのは、ブリジットがバリバリ働くキャリア志向の女性ではないという点だ。「仕事か結婚か」の選択を迫られ、仕事を選んだために結婚から遠ざかるのではない。楽しく恋愛と仕事をし、オシャレで気心の知れた女友だちやゲイの友人［★14］とともに都会生活を満喫していたら、結婚をしないまま30代になっていた女性として、ブリジットは造形されている。彼女は、仕事でもプライベートでもかわいいミス（schoolgirl error）をしてしまうおドジなキャラクターで、禁煙やダイエットの計画を立てても成功した試しがないが、明るく前向きで、いつまでも少女性（girlishness）を失わない、憎めない存在だ。

そんな『ブリジット』作品の根底に流れているのは、自分にぴったりの男性を見つけられないまま生涯を終えることになってしまうのではないかという不安と、孤独への恐怖である。『ブリジット』シリーズは毎回、一人で誕生日を祝うシーンから始まる。「独身婦人（spinster）」になることへの恐怖がモノローグで語られ、視聴者に印象づけられることで、ロマンティックな結婚というゴールを目指した物語が駆動する。

マクロビーはこのような『ブリジット』の流行を目の当たりにし、自由を手にした若い女性たちの最大の願望が、昔ながらの「王子様」とのロマンスと結婚であるかのように描かれていることに対して、皮肉的な調子でこうコメントしている。現代の女性たちは「古風な女らしさ（old-fashioned femininity）」を取り戻そうとし、「伝統的な女らしさの喜びのあらゆるものを享受」しながら、同時に気兼ねなく「ガーリッシュ」であり続けようとしている。「この映画は、あわてんぼうな（scatter-brain）いとおしい女らしさを称揚するもの」（McRobbie 2009 : 12）であり、現代の「若い女性は言い訳（apology）なしにガーリッシュになって、伝統的な女性的喜びを享受したいのだ」（McRobbie 2009 : 21）。『ブリジット』が１９９０年代中盤に起こったジェーン・オースティンブームの中で書かれ、オースティン原作のＢＢＣドラマ『高慢と偏見』（１９９５年放映）を下敷きにしていることを踏まえれば［★15］、『ブリジット』が古風なロマンス物語の再来であるというマクロビーの解釈は妥当なものと言えよう。性別役割分業を基本とするブルジョア市民道徳が確立し、その中でしか生きることのできなかった中産階級の女性たちの恋愛と人生を書いて当時人気を博したのがジェーン・オースティンであ

★13　『ブリジット・ジョーンズの日記――ダメな私の最後のモテ期（Bridget Jones's Baby）』。

★14　女性向け映画・ドラマにおいて「ゲイの友人」は、オシャレでクール、女心を理解して相談に乗ってくれるよき友だちで、かつ異性愛的恋愛においてライバルにならない「安心できる」存在という、完全に女性にとって都合のいい役割を割り振られていることが多い。

★15　ブリジットの「王子様」は、ダーシーという名前の男性で、これは『高慢と偏見』の「王子様」と同名であり、映画版『高慢と偏見』のダーシーと、映画版『ブリジット・ジョーンズの日記』のダーシーは、どちらもコリン・ファースが演じている。

表1－2　『ブリジット』に見られるポストフェミニスト女性の3つの特徴

(1)　経済的自立の獲得
(2)　性的自由の獲得と恋愛結婚というロマンスの重視
(3)　フェミニズムに対する無関心もしくは反感

る。

ポストフェミニスト女性の3つの特徴

ブリジットに見られるポストフェミニスト女性像とは、（1）経済的自立の達成。（2）若さを含めた性的魅力を謳歌し、性的自由を獲得した上で、恋愛結婚というロマンスを重視する態度が見られる。

さらに、『ブリジット』には、（3）フェミニズムに対する無関心もしくは反感という特徴も確認できる。映画3作目では、フェミニズムに対して次のように言及するシーンが出てくる。

出産の陣痛が始まったブリジットとダーシーが車で病院へと急ぐが、ロシア人フェミニストたちが女性器の俗語を叫びながら女性権利デモをしているために、道が封鎖されていて病院にたどり着けない。その時、ダーシーはブリジットを抱き上げ、デモ隊に背を向けて歩き出す。この時、感動的なBGMが流れる。

出産が終わった後にようやく病院にたどり着いたブリジットの母や、ブリジットの女友だちは、デモによってたどり着くのが遅れたと詫び、「レズビアンたちがばかげたマーチを一晩中やってるのよ」「うるさいマーチ」「いまいましいロシア人たち」と口々に言う（ひどい差別発言だ）。ブリジットの母は、子育てが終わったあと、地元の議会議員選に立候補するような公的意識の高い女性なのだが、その母がブリジットとその女友だちに向かって「私たちはこれ以上多くの権利が必要?」と尋ね、彼女たちは一斉に「ノー」という表情を見せる。社会派人権弁護士であるダーシーが、「イギリスは表現の自由を一等大切にする国でね……云々」と説明を始めるのだが、誰も聞いていない。このようなシーンから、『ブリジット』に「フェミニズム」への無関心もしくは反感があると言うことができるだろう。

3　ここまでわかったこと——第1章のまとめ

ポストフェミニズムとは「フェミニズムの時代は終わった」という感覚が広がり、「フェミニズム離れ」の傾向が見られるようになる時代や社会的状況のことを指す。90年代以降の先進国において、経済的自立と性愛の自己決定権を獲得した女性たちの間や、そのような女性たちを目の当たりにした人々の間にそのような感覚が広まった。

ポストフェミニズムとは、フェミニズムに真っ向から反対するものではない。「ジェンダー平等」が望ましい理想だとする点でポストフェミニズムとフェミニズムは立場を共有するが、「現代はもはや男女差別がなくなった」という現状認識のもと、「フェミニズムの時代は終わった」と主張するのが、ポストフェミニズム的言説の特徴である。

「男女差別がなくなった」というポストフェミニストの現状認識は、「女性」として生きてきた自分の経験や、日常生活の中での実感といった個人的なものに基づいている。そのため、女性にとって不利な社会構造が残っているという客観的事実《データ》を示して「男女差別がなくなったとは言えない」という応答をしたところで、ポストフェミニストとの会話はかみ合わないものとなってしまう。必要なのはそのような主張がどのような考えから成り立っているのかを明らかにしていくことであり、またポストフェミニストの「日常的感覚」を構成している社会的背景を分析していくことである。

本章では社会的背景として、90年代の第二期ネオリベラリズムの開始と権力形態の変化を指摘してきた。フェミニズムの要求の一部が政府の政策に取りこまれ、政府主導で実現されていったことで、フェミニズムは必要ないという感覚が強まったと考えられる。

女性がフェミニズムから距離をとる理由についての先行研究をまとめると、「もはや女性差別はなくなった」という上記の主張に加えて、「女らしさ」を享受したり異性との恋愛を楽しんだりすることと、フェミニズムを主張することが両立しないと考えられているためであることがわかった。恋愛とフェミニズムという問題については、第3章で検討していく。

次章では、ポストフェミニストとはどのような考えや主張を持っているのかを明らかにするため、2010年代に起こったハッシュタグ・アクティビズム#WomenAgainstFeminismを見ていこう。

コラムI　第三波フェミニズムとポストフェミニズム

第三波フェミニズムとは

現在、ポストフェミニズムとはフェミニズムから距離をとる潮流を指すのに対して、第三波フェミニズムはフェミニズムの一潮流として位置づけられていることが多い。しかし、両者が登場してきた90年代の時点では、両者は混同されてきた。第二波フェミニズムに対して一定の距離をとろうとするという態度が共通していたからだ。

90年代に登場してきた新たなフェミニズムの特徴として、大きく次のようなものを挙げることができる[★1]。

第一に、第二波フェミニズムの運動が中産階級の白人女性中心的だった点を反省的に捉え直し、多様な人種やエスニシティ、経済的状況、セクシュアリティによる異なった「女性」としての経験という多様性を包摂した運動を目指すという特徴が挙げられる。ポストコロニアリズム（ポスト植民地主義）の思想を汲みながら、第三世界フェミニズムやブラックフェミニズム

★1　田中（2012：14-17）は、第三波フェミニズムの三つの軸を、①文化政治への関心の移行、②個人主義への移行、③「女性」カテゴリーの複数化と紹介している。

を重視し、それらとの関係の中で西欧諸国でのフェミニズムを捉え返し、その権力性に自覚的であろうとするフェミニズムの潮流も見られる（hooks 1981=2010、Spivak 1998=1998、岡 2000）。

第二に、フェミニズム運動が一枚岩的なものとして想定しがちだった「男性」や「女性」という二分法的概念や、「セックス／ジェンダー」という二分法の脱構築によって、既存のフェミニズム哲学を乗り越えた新しい思想的可能性を探求するという特徴がある。とくに、ポストモダンフェミニズム（Butler 1990=1999、Haraway 1991=2017、竹村 2003）は、ポスト構造主義の影響を受け、近代思想の「人間（man）」を標準とする人間主義（humanism）を問い直すなかで、主体やアイデンティティの形而上学的実体化を批判した。竹村（2003）はラカン派精神分析をはじめとする大陸系ポスト構造主義を踏まえたフェミニズム思想を「ポスト・フェミニズム」と呼んで論じている。

第三に、女らしさを肯定的に捉え、多様な女らしさのあり方を実現していこうとする文化政治的運動（カルチュラルポリティクス・ムーブメント）としての第三派フェミニズムがある。これは、70年代の第二波フェミニズムを担ってきた世代の女性と、90年代の女性が置かれている社会的状況の違いに意識的な「若い世代」のフェミニストたちによって担われた運動（Walker 1992、Baumgardner & Richards 2000）であり、ポストフェミニストとも関心を共有している。

第三波フェミニズムを自称し、その看板を強調してきたのは、最後に挙げた文化政治的運動としての第三波フェミニズムである。ポストフェミニストと混同されてきたのも、これだ。そこで、以下では最後に挙げたものに焦点を絞って見ていくことにしたい。以下、「第三波フェミニズム」や「第三波」と言うときには、「若い世代」によって担われた文化政治的運動としての第三波フェミニズムのことを指す。

バウムガルトナーとリチャーズ（2000）は、「第三波フェミニズムのゴールとは何か」と問い、第二波が目指してきた法的、政治的、社会的平等の獲得というゴールを引き継いで「セクシャルハラスメントや家庭内暴力、賃金格差、女性の仕事として低賃金に抑えられているピンクカラーゲットーと闘う」だけでなく、「現代的な問題」としての「インターネットや技術への平等なアクセスや、ＨＩＶ／ＡＩＤＳ啓発、子どもの性的虐待、自傷行為、グローバル化、摂食障害、ボディーイメージをめぐる問題、性的健康」に対処することだとする（Baumgardner & Richards 2000 : 21）。その上で、「第三波にとっては、政治はパンクロックやヒップホップ、ジン（女性たちによる手作り雑誌のこと）、商品、消費主義、インターネットといった文化に取って代わられた」（Baumgardner & Richards 2000 : 130、カッコ内は引用者による）と述べ、第三波フェミニズムを牽引する世代においては、現代の文化こそが政治的な闘争の場になったのだと論じる。具体的には、第三波フェミニズム運動を作り上げたものとして、セクシーなポップアイコンとしてのマドンナの登場、フェミニズム的な主張傾向を持つ雑誌『ミズ（Ms.）』の10代後半女性向けバージョンの雑誌『サッシー（Sassy）』（１９８８年創刊）や、ガールカルチャーのゆりかごとなりガールカルチャーの隆盛を反映するものともなった『バスト（Bust）』（１９９３年創刊）などを挙げている（Baumgardner & Richards 2000 : 130–134）。

文化政治運動としての第三波フェミニズムの大きな特徴として、「ガール（girl）」という語の意味を押し広げようとする多様な「ガール」文化の開花がある。ライオット・ガール（Riot Grrrl）ムーブメント——パンクミュージックとＤＩＹ[★2]、フェミニズムが結びついた運動

──や、ポップカルチャーにおける「ガールパワー」の流行などが起こった。また、フェミニズムを主張することと、女らしく装ったり女らしいアイテムを好んだりすることとは矛盾しないとするリップスティックフェミニズム［★3］のような新しいフェミニズムも生じた。

第二波フェミニズムにおける「女らしさ」への姿勢を振り返ってみると、第二波の中でもとくにセクシュアリティにおける女らしさを問題にしてきたラディカル・フェミニズムの運動の一つに、女らしさの記号となっているブラジャーやハイヒール、メイク用品などをゴミ箱に捨てるというパフォーマンス［★4］があった。このようなパフォーマンスによって、フェミニズムとは女らしさを拒否するものというイメージが社会に広まってきた。社会によって押し付けられている「女性役割」や「女らしさ」期待によって女性たちが抑圧されていることを主張するラディカル・フェミニズムは、「女らしさからの自由」を求めるものと言えるだろう。

それに対して、若い世代による文化政治運動としての第三波フェミニズムは、新しい多様な「女らしさ」を社会的に実現していこうとするフェミニズムとして登場した。「『女らしさ』というものがフェミニズムのイデオロギーと対立するのではなく、むしろ女性解放のための文化実践として両立可能なものとして再考される必要があるという視点」が第三波フェミニズムを通して90年代に確立してきたと、田中（2012：60）は論じている。この時期に、「女らしさからの自由」という消極的自由だけではなく、「女らしさへの自由」という積極的自由を追求する動きが文化的潮流として形成されたと言えるだろう［★5］。

肯定的な新しい女らしさの模索と社会的普及は、ポップカルチャーを主戦場にして展開されてきた。メディア文化論やカルチュラルスタディーズの研究者は、ポップカルチャーにおける新しいフェミニズム意識の浸透に寄り添い、消費文化の内外で展開されている女性たちの文化実践の中に、女性たちの主体的で抵抗的で、多様な意味を生み出す生産的な活動があるということを明らかにしていった(McRobbie 1991、Ang 1996、田中 2012)。

日本でもまた、2000年代に、「女子力」という語が流行し、その後、社会において広く使われるようになった。日本語の「女子」とはもともと高校生以下で、性別が女性の学生のことを指す公的用語であったが、2000年代頃から、30代以上の女性たちが自分たちのことを

★2　DIYとはDo It Yourselfの略で、お金を払って他人任せにするのではなく、素人でも自分でやってみようとする反資本主義的・抵抗文化的精神のこと。

★3　リップスティックフェミニズムは、ドレスアップし、女らしく装うことが女性に自信や力をもたらす(エンパワーメントする)という側面を重視するフェミニズムである(Scott 2005)。セックス肯定的(sex-positive)立場をとることが多く、BDSM(ボンデージ、ディシプリン、サディズム、マゾヒズムの意味)などの性的逸脱やポルノグラフィに寛容な傾向がある。

★4　これは、一般に「ブラバーニング(bra-burning)」と呼ばれて有名になった。1968年9月7日に行われた「ミスアメリカ1969」コンテスト反対のためのパフォーマンスが良く知られている。ただし、実際には、女らしさアイテムを「自由のごみ箱(freedom trash can)」と書かれたドラム缶の中に投げ込むというパフォーマンスは行ったが、このドラム缶を燃やすということは、おもに消防法関連の許可が下りなかったためになされなかった。ブラバーニングと呼ばれた理由は、同時期ベトナム戦争反対のパフォーマンスとしてドラム缶が燃やされることが多く、それと人々が混同したからであるとされている(Dow 2003)。

★5　第一波フェミニズム期における母性フェミニズムや、第二波フェミニズムにおけるエコロジーフェミニズムなどは、「女性原理」を追求し、「女らしさ」にもとづく女性の社会的地位向上を目指してきたと言えるが、ポップカルチャーを通した広範な女性層における文化的潮流として、女らしさへの自由を追求する動きが本格化したのはこの時期である。

指す言葉として、「女子」や「オトナ女子」という言葉を使うようになっていった。他者による女性たちへの「妻」役割期待、「母」役割期待、「年齢相応の女らしさ」期待などをはねのけて、主体的に自分らしく生きたいという女性たちの抵抗性を、「女子」という言葉に見て取ることができる（馬場・池田編 2012、米澤 2014）。

概して、日本の女性向けポップカルチャーはフェミニズムから慎重に距離をとる傾向があり、「オトナ女子」を自称したり主張したりする人たちは、それらを第三波フェミニズムの一つとして位置づけてこなかった。ただし、広い視野で見れば、「女子」や「女子力」が流行する日本の２０００年代以降の文化的潮流もまた、新しい女らしさを模索するポストフェミニズムと第三波フェミニズムの潮流（「女らしさからの自由」から「女らしさへの自由」へ）に位置するものと捉えることができるだろう。

第三波フェミニズムからポストフェミニズム論へ

90年代に登場してきた「新しい女らしさ」の言説パターンの一つに、「女らしくなることが女性のエンパワーメントにつながる」という形で、「女らしさ」と「エンパワーメント」とを結びつけようとするものがある。

「エンパワーメント」とはもともと第二波フェミニズムが重視してきた理念で、女性が政治的・経済的・社会的な力を得ることで、自分に関する事柄を自分で決定できるようになり、公正な社会に向けた社会変革に関与できるようになることを指す。『岩波女性学事典』（2002）によれば、「女性をたんに社会・経済転換の〝犠牲者〟や〝受益者〟と見るのではなく、変化を引き起こす力（パワー）を持つ存在」として捉え、女性主体がその力を持ち、行使できるようになることを目指すもので、ユニフェム（UNIFEM：United Nations Development Fund for Women）は、エンパワーメントとして「1ジェンダー関係とその変革の方法を理解する、2自尊心を育て、望ましい変化を起こし、人生を自己決定する、3選択肢を広げ交渉力を行使する、4国内的・国際的に、より公正な社会・経済への変革過程に関与できる、などの種々の能力を身につけること」としている（『岩波女性学辞典』2002：47–48、執筆者：村松安子）。

しかし、女らしさを肯定的に捉えようとする90年代の文化的風潮の中で、「エンパワーメント」という語は、日常的な男性との関係において女性の「選択肢を広げ交渉力を行使する」ことという意味に矮小化されながら、女性の性的魅力を高めるような商品を売るさいのキャッチコピーとして企業によって頻繁に使われるようになっていった（Gill 2007、McRobbie 2009、Budgeon 2011）。本来「エンパワーメント」という語に込められていた社会的制度を変えていくような女性の政治的権限や社会的発言力の獲得という意味は抜け落ちたまま、消費社会において「女らしさを高めること＝エンパワーメント＝善」という解釈図式が流通していく事態が起こったと言える。

この中で、女らしさを高めることは「男性のためでなく、女性自身のため」というロジックが広まっていく。ポストフェミニズム論の重要な論者の一人、ロンドン大学シティ校（CUL）のロザリンド・ギルは、女らしさを磨くのは「自分らしくある（being oneself）」ためや、「自分を喜ばせる（pleasing oneself）」ため、「自分の心地よさのため（to make oneself feel good）」であるという考え方が広がっていることを指摘し、これが「ポストフェミニストの感受性（sensibility）」の中心的なものになっていると批判的に論じている（Gill 2007 : 153）。実際、自分のための女らしさ磨きによって獲得される「エンパワーメントの感覚」は、制度変革をもたらすような政治的・社会的力の獲得とは隔たりがある。

さらに、女性が自らの「女らしさ」について肯定的に言及するようになったことと呼応するように、周囲の人々もまた、男社会に参入する新たなプレイヤーとしての女性の仕事（作品）を、「女性ならではの感性」に基づく「女性ならではの仕事（作品）」として褒めるというロジックを作り出してきた［★6］。

「女らしさ」を褒めることで、主体の女性性を印づけ（marked）、そのことを通して女性主体にとって不利になるような社会的待遇がなされることは「好意的セクシズム」として、現在では批判の対象となっている（好意的セクシズムについては、高橋 2020b で詳しく論じている）。ただ、「女らしさ」を肯定的に捉えようとする当時の思想潮流の中では、男社会の中で「女らしさ」が肯定的評価を受けることに対する批判的視座を確保することは難しかったものと推察できる。

以上のように、「女らしさ」を肯定的に捉えようとする90年代の文化的潮流は、一方で、反抗的な女性像を含む多様な女性像を作り出したことなどの成果もあったが、他方で、消費社会の論理やネオリベラリズムの論理にフェミニズムの一部が取り込まれていく過程でもあった。２０００年代後半からのポストフェミニズム論は、「女らしさ」を肯定しようとする文化的潮流の弱点や、それが消費社会やネオリベラリズムの論理とともに盛り上がってきたことで失ったものを指摘するものとして登場してきたと言うことができるだろう。ポストフェミニストと共有する第三波フェミニズムの弱点を反省的に捉え返して、新たな抵抗力を持つフェミニズムを構想しようとするのがポストフェミニズム論である。

そもそも、文化政治運動としての第三派フェミニズムの中心人物の一人となったウォーカーは「第三波になる」(1992)の中で、「私はポストフェミニズム・フェミニストではない。私は第三波だ」(Walker 1992:41)と述べることで、第三波フェミニズムを宣言した。90年代初頭にポストフェミニストと区別することで第三波は打ち立てられた。だが、00年代後半からのネオリベラリズム批判を伴うポストフェミニズム論は、女らしさの強調がエンパワーメントとして称揚され、個人主義性を強めていくことでネオリベラリズムに取り込まれていくというポストフェミニストと第三波フェミニズムが共有していた弱点を指摘した。ポストフェミニズム論は、消費社会とネオリベラリズム政権によるフェミニズムの部分的取り込みという現状を踏まえたうえで、より批判力の高いフェミニズムへと第三波フェミニズムを発展させようとするものとしてある。

★6　例えば、日本の事例となるが、男社会とされてきた写真界に女性写真家が進出し、その活躍を無視することができなくなってきた90年代に、蜷川実花、長島有里枝、ＨＩＲＯＭＩＸなどの作品が「女の子写真」とカテゴライズされて高く評価されてきたのは、その一例と言えるだろう（長島 2020)。

第２章

#WomenAgainstFeminism に見るポストフェミニストの主張

1　英語圏のアンチフェミニスト女性とポストフェミニスト女性の主張

1．#WomenAgainstFeminism とは

２０１３年から２０１４年頃に英語圏で生じたアンチフェミニズム的主張とポストフェミニズム的主張の入り混じったハッシュタグ・アクティビズム［★1］「#WomenAgainstFeminism（フェミニズム

★1　ハッシュタグとは「#」から始まる一連の文字列のことで、これをつけてＳＮＳに投稿することで検索性が高くなり、共通の関心を持つ者同士がつながりやすくなる。ハッシュタグを用いた新しい社会運動は「ハッシュタグ・アクティビズム」や「ハッシュタグ・ムーブメント」と呼ばれ、２０１０年の「アラブの春」や「ロス・インディグナドス」、２０１１年の「オキュパイ・ウォールストリート」の頃から使われ始めた（Bennett & Segerberg 2012, Gerbaudo 2012）。２０１０年代には、２０１３年からの「#BlackLivesMatter（黒人の命は大切）」、２０１７年からの「#MeToo（私もセクハラ被害者だ）」を始めとして無数の運動が起こっている。

に反対する女性）」を見ていこう。
#WomenAgainstFeminism は、女性たちが「フェミニズムに反対する理由」を書いた手書きのメモを持ってセルフィ（selfie、自撮り写真）を撮影し、ハッシュタグをつけてＳＮＳに投稿するものである。手書きのメモは、定型化された「私はフェミニズムを必要としない、なぜなら……（I don't need feminism, because ……）」という文章から始まり、その後に各自が考える理由が列挙されている。顔出しで訴えるスタイルはインパクトがあり、男性権利運動家などではなく本当に女性がフェミニズムに反対しているのだということをアピールする力を持つものだった。また、メモが手書きであることや、多くの写真の背景が自宅や自分の部屋と思われる場所であることも、彼女たちが自分の個人的な主張を自発的に表明しているという印象をもたらすものとなっている。

運動の広がり方をおさえておくと、まず２０１３年に「誰がフェミニズムを必要とするのか（"Who Needs Feminism"）」キャンペーンが始まり、ほどなくして「フェミニズムに反対する女性（"Women Against Feminism"）」キャンペーンへと拡大する。とくに、２０１４年7月から8月に、複数人のコラムニスト[★2]やブロガーがとりあげたことで、メディアの注目を集めるようになったが、２０１５年頃には、投稿写真数も減り、下火になっている（Collins 2015）。

2．分析対象

ここでは、画像やテキスト、動画、Ｗｅｂ上の記事などを引用できるメディアミックスウェブログサービスである「Tumblr（タンブラー）」の「Women Against Feminism」［★3］内の「アーカイブ」に蓄積されている投稿写真をデータとする［★4］。このアーカイブには、ハッシュタグ「#WomenAgainstFeminism」（「#womenagainstfeminism」を含む）が付けられた写真が蓄積されている。投稿された写真はすべてクリーニングされていて、投稿した場所――投稿者の居住国・地域等、撮影地、ならびに投稿者が当該ハッシュタグ付き写真をインターネット空間上のどこに投稿したのか（Facebook、Twitter 等）――は不明である。英語で発信されているため、英語圏が居住地域であろうということが推測できる程度である。

また、すべて匿名で年齢、学歴、職業等の属性も不明である。ただし、セルフィという特性上、あ

★2　例えば、『デイリー・ドット（The Daily Dot）』におけるベス・エルダーキン（Beth Elderkin）の２０１４年８月３日の記事。エルダーキンは、#WomenAgainstFeminism の投稿を「平等主義（egalitarianism）」と「アンチ・フェミニズム（anti-feminism）」の二つに分けて分析している。（https://www.dailydot.com/irl/women-against-feminism-tumblr/ ２０１８年６月７日閲覧）。

★3　タンブラー「Women Against Feminism」（http://womenagainstfeminism.tumblr.com/ ２０１８年８月30日閲覧）

★4　ちなみに #WomenAgainstFeminism の内容分析を行っているリンゼイ・コリンズ（2015）もまた、タンブラー「Women Against Feminism」を分析対象とし、２０１３年７月３日から２０１４年８月31日までの写真７９３枚をデータとしている。

　筆者とコリンズ（2015）のデータの違いは、第一に、スクリーニング方法の違いによる。コリンズはセルフィだけでなくイラストなどの写真画像もデータとして含めているため、筆者よりもデータ数が多くなっている。第二に、アクセスした時期の違いによる。コリンズは、流行の真っただ中に写真を収集しているが、筆者が写真を収集したのは２０１８年だった。この３年間に削除されてしまった投稿があったものと思われる。

る程度の年齢や肌の色は判別できる。年齢は、10代後半から30代くらいまでの若い層が多い（これは、SNSというメディアを使用している層が若い世代に偏っているというメディア特性が大きいと思われる）。人種・エスニシティは、コーカソイドが多かったが、アフリカ系やアジア・インド系、ムスリム風のスカーフをかぶった女性も見られた。ファッションや室内の雰囲気といった外見からわかる情報は多いが、外見からわかる情報しかわからないというのが、このデータの特徴である。

当該アーカイブには、アーカイブが始まった2013年7月から、更新が止まっている2017年10月までの間に合計で延べ1000枚以上の写真が蓄積されている。分析対象とするのは、2013年7月から2014年12月までとした。その理由は、2015年以降の投稿は、それまでに投稿された写真の再投稿であることが多く、また投稿数が極端に減っているためである。

3．スクリーニング方法

アメリカの作家でジャーナリストのニーナ・バーリー（Nina Burleigh）は #WomenAgainstFeminism キャンペーンと同様のテーマおよび内容が、男性権利運動ウェブサイトにも見られたことを指摘し、これは男性権利活動家のソック・パペット（Sockpuppet、なりすまし）によるものである可能性があると論じている[★5]。たしかに、初期にはセルフィという形式が確立しておらず、フェミニズムに反対する理由を女性の立場から主張した文章のみの投稿が多かった。セルフィではない文章だけの投稿ならば気軽にできるだけでなく、男性が投稿することも容易だ。また、写真加工によって、女性の顔写真とフェミニズムに反対する理由を書いた文章とを並べただけのものなども散見され、これもソック・パペットの可能性がないとは言えない。

そこで、下記の基準を設定し、目視でスクリーニングを行った。これによって、ソック・パペットによる投稿の可能性を排除できると考えられる。すなわち、分析対象とする写真は、①女性と思われる人物が自分の顔か、もしくは身体の一部を写しており、②「フェミニズムが必要ない理由」を書いた手書きのメモを持っている、③セルフィであること。

この基準に従い、例えば次のようなものは除外した。文章が手書きのメモでなく、コピー&ペーストが容易なパソコン等で作られた文書を持った女性のセルフィ（これは②の条件を満たさない）や、「私がフェミニズムを必要としない理由」が書かれた文章と女性の顔写真が合成されて、一枚の写真として投稿されているが、写真がセルフィでないもの（これは③の条件を満たさない）などである。

逆に、顔そのものは隠されていたり切れていたりしているが、女性性の記号となるもの――具体的には、プッシュアップした胸、くびれた腰、ムスリムのスカーフ、エナメルが塗られたネイルなどがあった――が写りこんでいるもので、上記の3つの条件を満たすものは分析対象に含めている。

「I need feminism」という文章で始まるものもいくつかあるが、その多くが「魚が自転車を必要

★5　『ニューヨークオブザーバー』誌の２０１４年７月30日の記事（https://observer.com/2014/07/women-against-womyn-first-wave-second-wave-third-wave-and-now-three-steps-back/ ２０１９年２月３日閲覧）。

とするように、私はフェミニズムを必要とする」という定型文を書いたもので、皮肉的にフェミニズム不要を主張する投稿である。これに関しては、フェミニズムが不要である理由が曖昧であるため、分析対象から除外した。

また、英語で発信しているものに限ったため、英語以外の言語のものは分析対象から除いた。ちなみに日本語での投稿はなかった。このハッシュタグ・アクティビズムがインパクトを持ったのは、女性によるセルフィ投稿という形式をとった点にあるが、タンブラー「Women Against Feminism」アーカイブ全体を見ると、セルフィ形式のものではなく文章のみの投稿が約8割を占めている。また、同じ写真が何度も投稿されているケースも多かった。それらをすべて目視で取り除いた結果、収集された写真は139人分（計142枚、1名は3枚の写真を、もう1名は2枚の写真を連続投稿して長文のメッセージとしていたため）となった。

このスクリーニング方法をもってしても、男性権利運動家の男性が妻や恋人、友人等に頼んで、手書きのメモを持ったセルフィを投稿させている可能性については排除できない。そうであるとしても、女性が個人の意見表明という形でフェミニズムへの違和感を語るさいの語り（narrative）の型を明らかにすることができるため、この対象の分析は意義のあるものと考えられる。

2　彼女たちが「フェミニズムを必要としない」理由とは——分析

1．分析方法

セルフィに掲げられている「私がフェミニズムを必要としない理由」のテクスト分析を行う。セルフィであるため、肌の色やおおよその年齢、雰囲気といった情報も手に入れることができるが、これらは必要に応じて分析のさいに参照した。

すべての写真において、一枚の写真に写っている人物は一人である（子どもと一緒に写っているものもあるが、子どもは主張のメモを持っていないので人数としてカウントしないこととする）が、フェミニズムに反対する理由を数点書いていることが多い。それらについては、それぞれの理由ごとにコーディングした。

彼女たちが述べている「私がフェミニズムを必要としない理由」を列挙し、頻出度の高いものや意味的に類似するものをまとめていった結果、大きく次の6つに分類することができた［表2-1］。

第1章で示したように、ポストフェミニストはジェンダーを個人的な問題と捉えて、政治的・社会的運動にすることに反対する傾向がある。ポストフェミニズムとは、現代ではもはや男女平等は達成されたのでジェンダーは個人的な問題にすぎないという認識を持っており、それゆえ、政治的・社会的なフェミニズム運動は必要ないとする思想のことである。それに対して、アンチフェミニズムとは、

表2-1 「私がフェミニズムを必要としない理由」のコーディング

コード	基準
1 家庭生活重視	家庭生活における女性的役割を重視
2 恋愛・性愛重視	恋愛や性の場面における女らしさや性的魅力を重視
3「女性」でなく「個人」	自分は「女性」ではなく「個人」であると主張
4 平等主義	本当の平等主義はジェンダー無関係であると主張
5 フェミニズムイデオロギー批判	フェミニズム運動やフェミニズム原理に対する一般的な批判
6 男性問題に言及	女性問題だけでなく男性問題もあるにもかかわらず，フェミニズムは男性問題を扱わない点で問題であり，それゆえに自分はフェミニズムに反対するという主張など

ジェンダーを個人的な問題ではなく社会的な問題だと捉える点でフェミニズムと共通するが、現代社会ではフェミニズムの声が大きくなっているので、フェミニズムに対抗する運動が必要だと考える思想を指す。

そこで、「女性」として生きてきた自分の経験や実感を根拠にしてフェミニズムを批判しているものと、何らかの政治的なイデオロギーを根拠にしてフェミニズムを批判しているものとを区別した。家庭生活における女性的役割を重視する「1 家庭生活重視」や、恋愛や性の場面における女らしさや性的魅力を重視する「2 恋愛・性愛重視」、「自分は女性一般や、フェミニズムがいう『女性』とは異なる」という形で、自分を集合的アイデンティティとしての「女性」から切り離そうとする「3『女性』でなく『個人』」や「4 平等主義」は、自分の個人的な実感を根拠にしてフェミニズムを批判しており、ジェンダーをあくまでも個人的な問題として捉える立場である。これらは、ポストフェミニズムに相当する。

表2-2 「私がフェミニズムを必要としない理由」のコーディング結果

<table>
<tr><th>コード</th><th colspan="2">全体に占める割合（個数）</th><th colspan="2"></th></tr>
<tr><td>1 家庭生活重視</td><td>11.2%</td><td>(37)</td><td rowspan="2">「女らしさ」重視 19.4%（64）</td><td rowspan="4">ポストフェミニズム 67.3%（221）</td></tr>
<tr><td>2 恋愛・性愛重視</td><td>8.2%</td><td>(27)</td></tr>
<tr><td>3 「女性」でなく「個人」</td><td>38.7%</td><td>(127)</td><td rowspan="2">「個人」主義 47.8%（157）</td></tr>
<tr><td>4 平等主義</td><td>9.1%</td><td>(30)</td></tr>
<tr><td>5 フェミニズムイデオロギー批判</td><td>28.3%</td><td>(93)</td><td colspan="2" rowspan="2">アンチフェミニズム 32.6%（107）</td></tr>
<tr><td>6 男性問題に言及</td><td>4.2%</td><td>(14)</td></tr>
<tr><td>計</td><td>100%</td><td>(328)</td><td colspan="2"></td></tr>
</table>

それに対して、ジェンダーを社会的な問題として捉え、イデオロギーとしてフェミニズムを批判しているものとして「5 フェミニズムイデオロギー批判」や「6 男性問題に言及」がある。これらはアンチフェミニズムに相当するものである。

2．「フェミニズムに反対する女性」の分類と特徴 ——分析結果

計139人分の写真から、「フェミニズムに反対する理由」は328件集まった［表2-2］。

「女らしさ」重視

女性役割を重視する立場をとる女性はフェミニズム成立期からつねに存在しており、フェミニズムと対立したり共闘したりしてきた。第一波フェミニズム期には、「母」や「妻」といった女性役割をよく務めることが社会全体の道徳的問題として考えられてきたが、2010年代には「女らしさ」や性別役割は、あくまでも自分の私的なライフスタイルの問題として捉えられ

メモの翻訳2-1　「女らしさ」重視を含む例

「私は，男性より少なく働く私に不当に高い給与を与えるためのフェミニズムを必要としない。私は平等が欲しいのであって，特権が欲しいのではない。
追伸。仕事から疲れて帰ってきたボーイフレンドのために料理を作ることは，私らしくなくなることではない。」

メモの翻訳2-2　恋愛・性愛重視の例

「私はフェミニズムを必要としない。なぜなら後悔するセックスはレイプではないから!!」

ていることが特徴的である。

「フェミニズムに反対する理由」のなかでも「1 家庭生活重視」に分類できるものの具体例として、「私は夫のためにクッキングするのが好き」、「仕事から疲れて帰ってきたボーイフレンドのために料理を作ることは、私らしくなくなることではない」[メモの翻訳2-1]、「進化は男女に異なるスキルを与えたのであって、これは男性による強制（male oppression）ではない」、「私は、夫を愛していて、両性の違いを享受（enjoy）すべきだと考える」などの主張が見られた。「男女は異なっているが平等（diffenrent but equal）」というジェンダー観のもと、「男は外で働き、女は内で家事育児介護をする」という性別役割を肯定的に受け入れているという態度が確認できる。

「2 恋愛・性愛重視」に分類できる具体例として、「私は女らしい（feminine）ファッションが好きで、女らしくありたいと思っている」、露出の多い服装や身体の一部を強調したセルフィにおいて「こういう格好をしたときに見てくれる人が必要」、「私は男嫌いじゃない」、「私はレイプサバイバーだが、男嫌いではない」、「パーティで飲んでストレンジャーとセックスするのは無責任ではないし、それはレイプじゃない」、「後悔するセックスは、レイプではない」[メモの翻訳2-2]、「私の彼のために私がセクシーであることを、私は愛している」などの主張があった。恋愛関係を念頭に置きながら、「女らしさ」や女性ならではの役割を重視する態度が見られる。

以上の1、2、を合わせて「女らしさ」重視と呼ぶことができる。

「個人」主義

「私がフェミニズムを必要としない理由」のなかで最も多かった（全体の38・7％）のは、自分はフェミニズムが言うような「女性」ではなく「個人」であると主張する「3『女性』でなく『個人』」であった。

具体的には、「私はフェミニズムが言うような犠牲者（victim）ではない」、「私は犠牲者を演じるような操られたバカじゃない」［メモの翻訳2-3］、「私は、他の女性や政治家、リベラルな大学教授の影響なしに、自分の意見を形成することができる」［メモの翻訳2-4］、「私は自由で幸せ」、「私はクリティカルシンキングができるし、フェミニズムに私をリプリゼント（represent、代表・表象）してもらう必要はない」、「フェミニズムは私の声ではなく、私の主張とは異なるものだ」といった主張が見られた。

彼女たちは、女性カテゴリーに付着させられてきた負のイメージ（「犠牲者」「抑圧された者」）を引き受けることを拒否するという態度をとっていることがわかる。

メモの翻訳2-3　「女性」でなく「個人」の例

「私はフェミニズムを必要としない。なぜなら私は犠牲者を演じるような操られたバカじゃないから。」

メモの翻訳2-4　「女性」でなく「個人」の例

「私はフェミニズムを必要としない。なぜなら，私は他の女性や政治家，リベラルな大学教授の影響なしに，自分の意見を形成することができるから。」

メモの翻訳２－５　「女性」でなく「個人」の例

「私はフェミニズムを必要としない。なぜなら，私の夫と私はお互いに尊敬しあっており，私が一家の稼ぎ手だから。」

メモの翻訳２－６　平等主義を含む例

「私はフェミニズムを必要としない。なぜなら，
- もはや家父長制などというものはないから！私の男友達は私を尊敬してくれるし，だから私も彼らを尊敬している！
- 私は声を上げた男性レイプ被害者をがっかりさせたくないから。
- 私は平等主義支持者だから。男性もまた権利に値する。
- 私は人々が反対の意見を持つという事実を受け入れており，そのことについて相手を糾弾しないから。
- フェミニストは私を大いに怖がらせるから。」

また、経済力を獲得している人も見られ、「私と夫はお互いに尊敬しあっているし、私が一家の稼ぎ手（bread-winner）だから」［メモの翻訳２－５］、「私は人生における成功のために努力し続ける意志があるけど、それは成功のためにであって、自分のジェンダーを魔法の切り札（刑務所釈放カード get out of a jail free card）として使うためではないから」［メモの翻訳２－８］、「アメリカに生きている私は平等な権利を持っているから。選挙権があるし、同一賃金（equal pay）を得ているし、平等に教育を受けていて、会社も経営できる」、「女性であることが不利だと、私は思わないから」、「自分が人生で成功するために、レッグアップや体毛処理をする必要がないから」――レッグアップは痩身法の一つであるから、この主張は「女性的」な理想の身体を備えていなくても、外見の美しさで女性の人生の成功／不成功が決まるというような女性差別的状況は現代ではなくなったという現状認識を持っているのだと解釈できる――などがある。

本当の平等主義（egalitarianism）とはジェンダー無関係であるという「４ 平等主義」の主張も、フェミニズムに反対する理由として見られた（［メモの翻訳２－６］の３番目の理由がその例にあたる）。

3、4は、ともに、自分が「女性」というカテゴリーで捉えられることや、「女性」というカテゴリーを強調することへの違和感や拒否感を示し、「女性」なのではなく「個人」だと主張しているため『個人』主義」と呼ぶことができる。ここでの「個人」には「女性ではなく」という独特の意味が込められているので、カギカッコ付きで「『個人』主義」と表記する。

1から4はいずれも、フェミニズムの運動の具体的内容やそのイデオロギーに対する批判というよりも、「女性」として生きてきた自分の生活実感や経験（「個人的なこと」）に基づいた主張形式をとっている。そのため、これらをポストフェミニズム的主張ということができる。

3　ポストフェミニズム的主張の特徴――考察

1．「女性性」をめぐる二重性――「『個人』主義」と「『女らしさ』重視」

ポストフェミニズム的主張を概観すると、一方で家庭生活や恋愛場面を念頭に置きながら女らしさを楽しみたいとする「『女らしさ』重視」の主張があり（1、2）、他方で、「女性」というカテゴリーで捉えられることに苛立ち、自分は「女性」ではなく「個人」であると主張する「『個人』主義」がある（3、4）ことがわかる。「女らしさ」を楽しみたいという主張と、「女性」として扱われたくないという主張とが同時に見られる。

ポストフェミニズム的主義を特徴づけるのは、女らしさをめぐるこのような相反する主張であるが、これを、ポストフェミニストのなかでも「専業主婦願望の高い人」と「自分の職業的キャリアを追求したい人」への二分化と捉えるのは適切ではない。というのも、同時に一人の人が両方を主張しているケースが見られるからだ。

例えば、［メモの翻訳2-7］や［メモの翻訳2-8］では、「私の成功」（3）を重視するというキャリア志向が見られるが、同時に「進化は私たちに異なる技術を与えたのであって、これは男性による抑圧ではない」、「彼のためにクッキングをするのが大好き」、「自分の恋人のために自分がセクシーであることを愛している」といった性別役割を肯定する態度も見られる。また、［メモの翻訳2-9］では、「母であり妻であることが私の喜びの源泉」と言う女性が、同時に「私は犠牲者ではない」と主張している。ここから、ポストフェミニズム的主張には、「女らしさ」を楽しめることと、社会において性別による不利な待遇を受けないことの両方を同時に主張するという特徴があるということが見えてくる。

これは、私的領域における「幸せな家庭生活」を持つことと、社会的・公的領域におけるキャリアの追求の両方へのアクセスを要求するという主張としてあるだけではない。社会的領域において、「女らしさを捨てた女性（名誉男性）」として自己呈示しなくても（＝「女らしさ」を楽しめる）、セクシャルハラスメントを受けたり、昇進時の不平等な扱いを被ったりしないこと（＝性別による不利な待遇を受けないこと）［★6］の主張であり、また私的領域において、既存の「妻」、「母」役割のみに押し込まれないこと（＝性別による不利な待遇を受けないこと）と、自分の理想を追求できること（＝

「女らしさ」を楽しめること）を求める主張でもある。

つまりポストフェミニズム的主張においては、他者から望まない「女らしさ」を押しつけられるこ

メモの翻訳 2－7　ポストフェミニズムの例

「私はフェミニズムを必要としない。なぜなら，
- もはや平等を主張する必要はないから。
- 進化は私たちに異なる技術を与えたのであって，これは男性による抑圧ではないから。
- 私は成功するために「助けの手」を必要としていないから。
- ドアを開けて待っていてくれる男性は「ミソジニスト（女性憎悪者）のブタ」なのではなく，ジェントルマンだから。」

メモの翻訳 2－8　ポストフェミニズムの例

「私はフェミニズムを必要としない。なぜなら，
- 私は「犠牲者」じゃないから。私に対するいかなる戦争もない。
- 私は自分の人生において成功し続けているが，それは私がそのために頑張っているからであって，自分のジェンダーを魔法の切り札（刑務所釈放カード get out of a jail free card）として使ったからではないから。
- 私は，自分の恋人のために自分がセクシーであることを愛していて，キッチンで彼のために料理するのが大好きだから。」

メモの翻訳 2－9　ポストフェミニズムの例

「私はフェミニズムを拒否する。なぜなら，
- 妻であり母であることは私の人生の大いなる喜びの源泉だから。
- 私は男性と，男性たちの文明に対する掛け値なしの貢献を愛し，尊敬しているから。
- フェミニズムは名誉や優雅さや階級，成熟，尊敬，責任に対する軽蔑から出発しているから。
- 私は犠牲者じゃないから。」

★6　セクシャルハラスメントや性別による社会的待遇の不平等性は、女性本人が「女らしさ」を「抑制」する／しないに関わらず起こっていることであるが。

となく、自分が目指す「女らしさ」を追求し、自己実現できることが求められていると言うことができる。

「『女性』でなく『個人』という主張は、既存の「性別役割」を他者から押し付けられることをはねのけようとするものであり、『女らしさ』重視」とは、自分が望む女性役割や女らしさを大切にし、それを引き受けることで、社会的な位置を獲得し、人との愛情や信頼で結ばれた関係を築いていこうとすることであると解釈することができる。

2.「私は犠牲者ではない」——ポストフェミニストがフェミニズムに反対する根本的な理由

以上のように見てくると、ポストフェミニストがフェミニズムに反対する根本的な理由は、フェミニズムが一定の「女性」像を作り出し、それによって彼女たちの望まない女らしさが押し付けられているように感じられているからなのだろう。フェミニズムがその改善を目指して措定してきた女性像——「犠牲者」、「被抑圧者」、性的に「客体化」された存在、「レイプ被害者」など——に、自分の社会的属性が当てはまることへの不快感のようなものが見て取れる（「私はフェミニズムが言うような被害者ではない」、「弱者ではない」、「私が抑圧されているように見える?」など）。

概して、ポストフェミニストたちにとっての「望ましい女らしさ」とは、彼女たちに自信や自己効力感の高まり、ポジティブな自己観などをもたらしてくれるようなものである（「恋人のために自分がセクシーであることを愛している」と言う女性においては、自分が相手にとってセクシーな存在であることによる自己効力感の高まりがあると考えられる）。反対に、社会の犠牲者や弱者、抑圧された存在として「女性性」を意識させられることは、「ヘルプレスな気持ち」やネガティブな自己観をもたらすものであるがゆえに「不快」であり、それは彼女たちにとって「望ましくない女らしさ」であると感じられているということができる。ポストフェミニストの立場からすれば、自分たちは「女らしさ」を肯定的に捉える点でフェミニストとは異なっているという考えがある（「フェミニストはミソジニー（女性憎悪）に陥っている」）。

性別のような、自分にとって変えようがなく自分の努力によってどうにもすることのできないものによって、自分の存在価値が認められなかったり、努力や実力が正当に認められなかったりするかもしれないという予想は、その人に無力感と不条理感、この社会（世界）への不信感をもたらす。フェミニズムが現代社会になお残る女性への不利な待遇を告発することで、ポストフェミニストたちは「女性」にまつわる無力感や不条理感、「女性であること」への不安を喚起させられるために、フェミニズムを避けようとしているように見える。この場合、不快感を向けるべき相手は、女性差別的な社会構造を明らかにするフェミニズムではなく、そのような社会構造そのもののはずなのだが。

ポストフェミニストとフェミニズムの接触面に発生する議論を見てきてわかるのは、この議論の根底には、現代でもなお女性が社会的に不利な扱いを受けることがあり、正当に評価されないことがあるというジェンダー非対称な社会構造の問題があるということだ。このような社会では、「女性」であることが、不安材料となる。周囲の人々や社会における「女性性」や「女らしさ」の意味づけに女性たちが敏感にならざるをえないのは、その意味づけ次第で、自分が周囲にどう扱われ、何ができ、何ができないのかがさしあたり、あらかじめ決められてしまうからだ（個人の「強い意志」や「努力」や「実力」によって覆すこともできるケースも増えているが、そのためには、人並み以上のそれらを要する）。

現代社会において「女性」として生きることの不安が、ポストフェミニストのフェミニズムに対する感情的反応を誘発している。この不安を、ポストフェミニストたちは、世界に対するポジティブな期待やポジティブな自己像によって乗り越えようとしており、ポストフェミニストにとってフェミニズムは、ネガティブな女性像を言い立てて、「女性の活躍」に水を差すような存在と見えている。

しかし、この表面的なポストフェミニストとフェミニストとの対立の根底にあるのは、フェミニズムがいまだに指摘せざるをえないような、女性への不利な待遇を温存させている社会構造なのではないだろうか。

3．ポストフェミニストとフェミニズムの複雑な関係

ポストフェミニストは、自分がこれまで「女性」として生きてきた経験に基づいて、声を上げ、社会における「女性」の意味づけの議論に参加している。このような、個人的な日常経験や考えに基づいて社会に声を上げることを重要視し、また正当なものとして社会に認めさせてきたのは、第二波フェミニズムの功績だ。第二波フェミニズムは、「個人的なことは政治的なこと」という合言葉のもと、女同士の連帯と信頼関係を築き上げることで「個人的なこと」に関して女性たちが声を上げることを

可能にしてきた。ポストフェミニストはフェミニズムが切り拓いてきた「個人的なことは政治的なこと」という方法を用いて、フェミニズムへの違和感を表明している。

また、先に、フェミニズムは一定の女性像を押し付けるものという、ポストフェミニストのフェミニズム理解を紹介したが、これは現実に照らし合わせて妥当なものとは言いがたい。実際のフェミニズムでは、「女性」を家父長制社会における「弱者」「犠牲者」としてのみ位置づけてきたわけではない。フェミニズムでは、レイプ被害者を「犠牲者」とするだけでなく「レイプサバイバー（rape survivor）」とも呼び、女性主体のあり方についての議論を積み重ねてきた。ポストフェミニストの主張の中に、「フェミニズムは不要だ。なぜなら私はレイプサバイバーだが、男嫌いではないから」というものがあったが、レイプサバイバーが社会の中で声を上げることが可能になったのも、そもそもレイプサバイバーという言葉自体も、フェミニズムの連帯に基づいた運動と理論によるところが大きい。

このように、ポストフェミニズムは、フェミニズムにあらゆるものを負い、フェミニズムを仮想敵として、自分たちの女性としての声を社会に届けようとしている。両者はこのように複雑な関係にあるのだが、だからと言って、ポストフェミニストの主張が不当だとか「恩知らず」だとか言って切り捨てることもできないだろうと筆者は考えている。というのも、ポストフェミニストが、まさにフェミニズムが追求してきた「個人的なことは政治的なこと」という方法で、「女性」として声を上げるものであるがゆえに、フェミニズムはそれを無視することもできないのではないかと考えられるからだ。筆者が本章でこのようにポストフェミニストの主張を主題的に取り上げて、検討してきたのはこのためでもある。

4 「女性」として生きることの不安――第2章のまとめ

2010年代に起こった「フェミニズムは必要ない」と主張するハッシュタグ・アクティビズム #WomenAgainstFeminism に見られるポストフェミニズム的主張を見てきた。

ポストフェミニストは、ジェンダー不平等のない社会を望んでいる点で、フェミニストと共通している。ポストフェミニストの中には「男女は本質的に異なるものだが対等だ（different but equal）」という保守的な男女観を持っている者も見られたが、2010年代のポストフェミニストの主張の中で最も多かったのは、「私は『女性』でなく『個人』だ」という「『個人』主義」的態度であり、フェミニストとポストフェミニストが思い描く理念に、そこまでの大きな違いがあるとは言えない。

両者の違いは、ポストフェミニストの主張によれば、フェミニズムが描き出す「女性」像は、「犠牲者」「弱者」などのネガティブなものであるのに対して、ポストフェミニストの女性像はポジティブだというところにある。ポストフェミニストは、フェミニズムの言う「女性」像に自分が同一化されることを不快に思うために、フェミニズムから距離をとったり、フェミニズムに対する違和感を表明したりしている。自分たちこそが、ポジティブな女性像を掲げて、女性の社会進出や社会的活躍を実際に進めていく存在だという自負も垣間見える（「平等主義」）。

ここでは、フェミニズムが本当にネガティブな女性像を描き出しているのか否かという本当かウソか問題には踏み込まなかった（それを検証するには新たな論文が必要であり、またそれは本書における主題ではないからだ。本書の目的はポストフェミニストの主張や考えを理解し、ポストフェミニズムが起こってくる社会的背景を解明することにある）。ここで注目すべきは、なぜポストフェミニストが、ここまで敏感に「ネガティブな女性像」に反応するのかという点である。

「女らしさ」が社会においてどう意味づけられるかによって、女性が周囲の人々によってどう扱われ、何ができてできないのかが決まってくるがゆえに（また、そのようにして女性の選択肢が極端に制限されてきたという現実が一世代前まであったがゆえに）、「女性」をめぐる社会的意味づけに関して、女性たちは敏感にならざるをえない。その根底には、女性も男性と同様に活躍できるとされながら、実際には女性に不利な社会構造がある現代社会を、「女性」として生きることの不安があると考えられる。この不安を打ち消そうとして過剰にポジティブな女性像を主張し、フェミニズムから距離をとろうとしていると解釈することができる。

ポストフェミニストは、女性が「社会的弱者」であるかもしれないという不安を思い起こさせるフェミニズムに反発し、そこから距離をとろうとする。しかし、ポストフェミニストとフェミニストの表層的対立の根底にあるのは、現代を女性として生きることの不安である。

第3章

恋愛とフェミニズム

1 フェミニズムは恋愛積極的態度の何を問題視するのか

フェミニズムから距離をとる女性たちは、「女らしさ」や「異性との恋愛」を謳歌することとフェミニズムを主張することは両立しないという考えを持っていた。これは、フェミニズムが女らしさや恋愛を批判しているというステレオタイプイメージに基づいている（第1章）。

しかし、ジェンダー平等な社会を目指してきたフェミニズムは、女性の経済的自由の獲得だけでなく、女性の性的自由の獲得を後押ししてきた当の勢力でもある。そのフェミニズムが、女性の恋愛や性的活発化を単純に否定しているとは考えにくい。

本当に、ポストフェミニストが言うようにフェミニズムと恋愛は相性が悪いのか。フェミニズムは「恋愛」に対してどのような立場をとっているのだろうか。本章では、これらの問いを解明していこう。

2　フェミニズムのポストフェミニスト批判

1．ウォルターによる性積極的態度批判

難民支援等を行う人権擁護活動家であり、ライターでもあるイギリスのフェミニスト、ナターシャ・ウォルターは、『生きた人形たち――セクシズムの回帰（Living Dolls: The Return of Sexism）』（2010）において、現代の「ハイパーセクシャル・カルチャー（hypersexual culture）」を批判的に論じている。ハイパーセクシャル・カルチャーとは、女性の自発的な性的過激化を促す文化状況のことを指す。

ウォルターによれば、ハイパーセクシャル・カルチャーは、1970年代の女性運動で称揚された「女性の解放とエンパワーメント」という語を用いて展開されている。例えば、2000年代には、タウンセンターで開かれるラップダンスクラブやポールダンスクラブ［★1］が流行した（Walter 2010 : 4）が、それらのクラブは、「ポールダンスをすることが女性たちを解放する（liberate）」と謳っている。ポップスターたちはより性的に過激になり、それを女性たちが支持するという構図が生まれており、それは「女性が性に関する慣習的な道徳から解放」されていることがカッコいいという価値観に支えられている（Walter 2010 : 6）。実際、モデルのケイト・モスは、ザ・ホワイト・ストライプスのニュー・シングル「I Just Don't Know What To Do With Myself」のミュージックビデオでポールダン

スを披露し、スパイスガールズは、２００７年のカムバックツアーのためにポールダンスを習い、「ポールダンスのシーンは、ファビュラスでセクシーよ」と『サン』紙に語っている（Walter 2010 : 41）。「性的魅力は成功へのパスポート」（Walter 2010 : 5）だという感覚が広がり、「エンパワーメントや解放と、性的対象化の等置は、いまやあらゆるところに見られる」（Walter 2010 : 5–6）。

これに対して、ウォルターはこのような文化状況における女性の性風俗産業への取り込まれやすさという問題を示唆している。ウォルターは、ポールダンスクラブに通う女性へのインタビューを通して、自らの性的魅力の強化に邁進する女性がいかにして性風俗産業に取り込まれていくのかを明らかにした。インタビューを受けた女性エリーは、ミドルクラスの出身で、私立の女子校を卒業したが、なかなか就職先が見つからなかった。そのころから、自分のボディーイメージへの執着が始まり、食事制限、コカインの摂取、ジムでの毎日のワークアウトを通して、スレンダーな身体を手に入れた。その後、なんとか職が見つかり、その職場へ通えるようロンドン北部に引っ越したが、家賃が高い。

★1　ラップダンス（lap-dancing）は、おもに男性をもてなす性風俗業で提供されるダンスで、客の前や客のひざの上で踊るダンス。ポールダンスは、ストリップショーなどで女性が踊る官能的なダンスであったが、現在ではアクロバティックな技を競うスポーツとなっており、国際競技化も進められている（末吉陽子, 2017,「エロいイメージはもう古い！　女子にポールダンスが流行する理由」２０１７年10月18日『ダイヤモンドオンライン』（https://diamond.jp/articles/-/145813　２０２０年4月17日閲覧）。

ここで言われているタウンセンターで開かれるラップダンスクラブやポールダンスクラブは、女性の習い事としての「クラブ」を指していると思われる。それに対して、この後に出てくる、ウォルターのインタビュー対象者であるエリーが勤めた「ラップダンスクラブ」は、客にサービスとして女性のラップダンスを提供する店としての「クラブ」である。

ちょうど家の近くにラップダンスクラブ（おそらくお店としての「クラブ」）があり、ラップダンスクラブで働いていた友人がいて話を聞いたことがあったこと、クラブがダンサーを募集していたことなどが重なって、ラップダンサーになったという顛末が語られている（Walter 2010 : 39–40）。

ここには、性解放［★2］後ならではの文化状況と問題が見られる。本人が積極的に望んだわけではないが、金銭的事情を含むその時々に置かれた状況の中でのより良い選択《ベターチョイス》の結果、エリーは性風俗産業に足を踏み入れている。だが、それは周囲の人々からも自分においても、自分の意志に基づく「選択」と見なされている。個人の職業選択の自由として性風俗業を望むことや、その場合の労働者としての権利は守られるべきである。だが、女性たちが必ずしも望んだわけではないのに自己選択のような形をとって、性産業に取り込まれていくという構造があることについては、敏感であるべきだろう。

また、ハイパーセクシャル・カルチャーは、女性の身体を、性的価値を持つ「商品」と見なしたり取り扱ったりすることを当然のものとする風潮を蔓延させる可能性があるという点でも、問題含みだといえよう。

ハイパーセクシャル・カルチャーは、基本的には女性たちによって支持されることで形成されている。女性が性的魅力を磨くことは、女性に自信や解放感をもたらすものとしてある。そこには、「私たちは自分がやりたいことをやっているのであり、フェミニズムが言うような女性の搾取や抑圧などない」という考えがある。同時に、女性たちの性的魅力を磨き、それによって金銭や社会的承認を得たいという「自発的気持ち」を媒介点にして、性風俗産業が女性たちを取り込んでもいる。性風俗産業従事者へのスティグマ（悪いイメージのこと）が第二波フェミニズムの時期を通じて薄れてきたことで、女性たちは気軽なバイト感覚で性風俗産業に参入できるようになった[★3]。しかし、エリーがラップダンスクラブの面接で、服を脱ぐように指示されてたじろいだ場面に見られるように（Walter 2010 : 40）、女性労働者の立場の弱さがあることもまた事実だ。

ウォルターの議論からは、女性たちがハイパーセクシャル・カルチャーに魅了され、「女らしさ」磨きに邁進していくことが持つ問題のありかが見えてくる。性風俗産業に取り込まれやすくなっていることや、それが自己責任化されること、労働者の立場上の弱さなどである。ただし、不特定多数の人に性的魅力を売ることと、特別な相手とロマンティックな関係を築くこととの間には質的差異があると一般的に認識されている。ウォルターの議論からは、女性たちが性的魅力の強化に邁進することの問題性が見えてきた。次に、女性たちの恋愛積極的態度が、どのような問題を引き起こしうるのかを考えるため、ポストフェミニスト女性たちの恋愛積極的態度を批判しているマクロビーの議論を見ていこう。

★2　性解放とは、避妊技術が普及し人々が価格や機会の面でアクセスしやすくなったことを背景に、婚前交渉（結婚前に性的な関係を持つこと）が可能になり、いつ誰と性的関係を持つのかの決定権を女性も持つことができるようになった（もしくはそれが目指されるべき望ましいものとして考えられるようになった）ことを指す。

★3　日本でも2000年代後半に「キャバ嬢」が女子の将来なりたい職業にランクインし、話題となった（三浦 2008）。

2. マクロビーによる恋愛積極的態度批判

恋愛積極的態度を批判的に論じている代表的なものとして、第1章でも触れたマクロビーの『ブリジット・ジョーンズの日記』についての議論がある。『ブリジット』が、ポストフェミニズムの典型的作品と見なされていることについては、すでに述べてきた。ここではフェミニストが、ポストフェミニスト女性像に見られる恋愛積極的態度を批判する理由を中心に見ていく。

マクロビーは、『フェミニズムの余波（Aftermath of Feminism）』（2009）の第1章「ポストフェミニズムとポピュラーカルチャー――ブリジット・ジョーンズと新しいジェンダー体制（Post Feminism and Popular Culture: Bridget Jones and the New Gender Regime）」において、こう述べている。

> フェミニズムをよそに、ブリジットはロマンスの夢を追いかけ、ぴったりの夫を見つけ、結婚して子どもを持ちたいと思っている。彼女が最も恐れることは「独身女性」に終わることだ。ブリジットは（人々を）安心させてくれるような女らしい少女の「再来」である。（McRobbie 2009 : 12）

> これらの若い女性たちは、言い訳（apology）なしにガーリッシュになって、すべての種類の伝統的な女らしい喜びを享受したいと思っているのだ。（McRobbie 2009 : 21）

この映画は、そそっかしくて（scatterbrain）いとおしい（endering）女らしさを、あたかもそれが失われてきたものであるかのように謳いあげる。古風な（old-fashioned）女らしさを取り戻すことができてほっとしたよと、この映画は言おうとしているようだ。（McRobbie 2009 : 12）

ここから、マクロビーは、多くの自由を獲得した現代の若い女性が人生において求めるものが、古風な「王子様」との結婚であるかのように描かれていることを批判的に見ていることがわかる。

マクロビーが、女性たちの恋愛積極的態度を賞賛することができないのは、これらが「新たなジェンダー体制」を形成していると考えているからである。新しいジェンダー体制とは、ネオリベラリズムに適合的な形に再編されたジェンダーをめぐる新しい社会的秩序のことで、「新しい女性のカテゴリーを生むような社会的、文化的、経済的な変化のこと」（McRobbie 2009 : 56）だ。ウォルターが「ハイパーセクシャル・カルチャー」と呼んで論じてきた文化状況をより包括的に論じたのが、マクロビーの新しいジェンダー体制と言える。マクロビーはこのほかに新しい「性契約（sexual contract）」という語も用いている。

ただし、マクロビーの議論は、新しいジェンダー体制や性契約があるという前提のもと、それらによって引き起こされている影響や社会的現象を具体的に描き出すものとなっており、新しいジェンダー体制や性契約が具体的にどのようなものであるのかに関する体系的説明は見あたらない。そこで、筆者がまとめてみるならば、次のように整理することができる。

新しい「ジェンダー＝資本主義」体制

マクロビーの言う「新しいジェンダー体制」とは、女性が労働者および消費者として資本主義に組み込まれることで再編される、性別をめぐる意味秩序のことである。

第一に、女性は労働者として、グローバル規模に広がった資本主義にますます深く組み込まれるようになっている（McRobbie 2009 : 55）。例えば、アジア諸国の工場で細かな手作業を行う低賃金労働者としてであり、発展途上国におけるマイクロクレジットの借り手としてであり、そして先進国における現代的な成功者の象徴としての女性経営者や女性管理職としてである。マクロビーは、フェミニズムや女性運動の退潮と同時に、女性労働力がグローバル労働市場において重要な役割を占めるようになったことを指摘し、女性の労働への参加が「新しいジェンダー体制」をもたらしているとしている（McRobbie 2009 : 56）。また、「よりジェンダー体制が変化し、若い女性労働力が資本主義に不可欠な部分となればなるほど、より見えにくくなっていく『家父長制』に対する不安は深まっていく」（McRobbie 2009 : 95）というように、不安を表明してもいる。

第二に、女性は消費者としても、資本主義により深く組み込まれている。女性が十分な購買力を持つようになることで、女性当人も、周囲の人々も、女性が男性と同等の「自由」や「力」を持つようになったと見なすようになっている。お金さえあれば、女性にその責任を負わされてきた家事育児などの家族のケアを外注することができるという形で、たしかに女性の「自由」は経済力によって購える側面はある。しかし、政治的・社会的権利として保証されたものではない「自由」が一部の層にのみ広がることは、新たな排除――経済的弱者の社会的排除――を生み出すものでもある。シングルマザーなどの「女性」が弱者化されやすいという社会的構造も残っている（McRobbie 2009：54）。

このように、これまで家庭などの私的領域に位置づけられていた女性が労働者、消費者として資本主義に組み込まれていくことで、社会における性別役割を原理としてきたジェンダー体制は変化するだろう。マクロビーは「新しいジェンダー体制」として、このようなジェンダーをめぐる社会的意味づけの編成原理変化を指し示そうとしている。それをさらに具体的に論じようとする箇所で登場するのが、「新しい性契約」である。

ネオリベラリズム社会における具体的なジェンダー関係の結ばれ方を見ていく前に、それ以前までの（ネオリベラリズムが始まる前までの）ジェンダー関係がどのようなものとして論じられてきたのかについて見ておこう。

第二波フェミニズムが批判してきた性別役割分業とは

英米で国家をあげたネオリベラリズム政策が始まるのは、1980年代からだが、マクロビーは2009年出版の本書で「新しいジェンダー体制」は「この10年から15年の間に見られるようになったもの」（McRobbie 2009：56）と述べている。ここから、マクロビーは、90年代中盤頃から新しいジェンダー体制が始まったと考えていることが確認できる。それ以前までの社会において成立していたジェンダー体制のことを、フェミニズムは「性別役割分業」と呼んで批判してきた。

性別役割分業とは、性別によって属すべき領域（男性は「外」すなわち公的領域や経済的領域、女性は「家」すなわち私的領域）が異なり、担うべき仕事が異なるとする社会的ルールで、具体的にはそのような考え方や、その考えに基づく人々の実践、それらの実践を促し支える経済的・政治的制度のことを指す（上野［1990］2009）［★4］。性別役割分業というルールには、お金を稼ぐ仕事（paid work、公的・経済的領域での仕事のこと）が主要な価値の高いもので、家事育児介護などのケアワーク（家庭などの私的領域でなされる人の世話などのこと）は補助的なものという価値序列も伴っていた。つまり、性別役割分業とは、仕事内容（ペイドワーク／ケアワーク）と性別を紐づけし、それによって、仕事の序列化（主要な仕事／補助的な仕事）と性別の序列化を結び付けたジェンダー体制のことを指す（日本では「ジェンダー秩序」という言い方で議論されてきている）（江原 2001）。家庭の外である職場においてさえ、女性に補助的な仕事が振り分けられやすかったのは、「男性向きの仕事／女性向きの仕事」というように「仕事」がジェンダー化されて捉えられていたからであり、この構成原理を成すのが性別役割分業である。

だが、性別に関わりなくペイドワークとケアワークに参加することを要求されるようになるネオリベラリズム社会において（「要求されるようになる」ことと、「実際に実行されるようになる」ことは異なることだが）、実際に男女双方や同性カップルの双方、すなわちパートナー関係にある両者がペイドワークと家族のケアの両方の責任を負うようになれば、性別と結びついた仕事の序列化は緩んでいくだろう。そこでは「男らしさ／女らしさ」の社会的意味づけそのものが変化を受け、再編されていくと考えることができる（本当に変わったのか、どのように意味が再編されたのかについては、今後の詳しいデータ収集と分析が必要な問題だ）［★5］。

新しい性契約

マクロビーの言う新しいジェンダー体制の中で結ばれるのが「新しい性契約」である。「性契約」という概念は、フェミニズムの古典の一つと言えるであろうキャロル・ペイトマンの

★4　例えば、高度成長期からそれ以後の日本における企業・官庁の雇用形態において、終身雇用の対象と見なされていたのが男性だけだったことや、家族を有する男性正社員には「家族給」が支給されていたこと、年金制度における「第三号被保険者」制度が設けられていることなどの社会的・経済的制度が挙げられる。

★5　フェミニズムは、性別役割分業批判だけでなく、多様な性別役割批判を行ってきた。例えば、ロマンティックな恋愛や「夫婦愛」、「母性愛」のような「愛」の名の下での女性抑圧が起こっているということを明らかにしてきている（Dworkin 1987=1998、Kate Millett 1970=［1973］1985、MacKinnon 1989）。また、女性には「母性本能」があるとする「母性神話」や、子どもが3歳になるまでは母親が子育てに専念すべきであるとする「三歳児神話」によって、家事や育児などの人の世話をするのは女性がふさわしいという社会的常識が作りあげられてきたことが明らかにされている（Badinter 1980=1991、舩橋・堤 1992、田間 2001、大日向 2002）。

　しかし、フェミニズムによるこのような告発があった後でもなお、性別役割が「家族を愛しているから」という理由や「自分のため」、「自分は家事育児が好きだから（向いているから）」というように自己選択として、女性たちがケア役割を積極的に引き受けていることが、日本の１９９０年代以降の調査では明らかになっている（大和 1995、島 1999、西村 2001）。ネオリベラリズムの進展の中で、公私領域の価値序列が緩み、家事育児などのケアがかならずしも補助的で従属的な価値の低いものではなく、むしろ性別にかかわらないプライベートライフの充実による個人の生活や人生の価値の充実であると見なされるようになることで、女性たちのケア役割の引き受けはより促進されていく可能性もある。

『社会契約と性契約――近代国家はいかに成立したのか』（1988=2017）によっている[★6]。社会契約による市民社会の確立が近代国家をもたらしたが、これは性別役割分業という男女間の性契約を伴うものであったというのがペイトマンの議論だ。この性契約ゆえに女性は家庭という私的領域に閉じ込められ、財産権や参政権、教育の機会や就業の機会などの市民としての権利を制約されてきた。「性契約」という語には女性にとって不利な内容の取り決めを、あたかも正当であるかのように確立させたものだという批判的意味が込められている。

マクロビーもまた、この語に批判的な意味で用いている。ネオリベラルな統治が進む社会において形成されつつある新しい性関係は、性別役割分業からの多少の変化が見られるとしても、なお「新たな性契約」にすぎない、というのがマクロビーの論調である。

フェミニズムのパースペクティブから、私は政治的で文化的な権力の陣立てのなかで……フェミニズムの価値と理念の選別が起こっており、新しく登場しつつある（ネオリベラルな）社会的・経済的配置（arrangement）に適合するようなものへと女性性の考え方が再編成されているということを、ここで警告しておこう。……これは、フェミニズムの破壊的脅威に対抗して、ジェンダー関係を再確立（re-stabilise）する方法となっている。これは、時計の針を過去に戻すことなのではなく、ポストフェミニストジェンダー配置（post-feminist gender settlement）、すなわち新しい性契約を守るために、前へ進むことなのだ。（McRobbie 2009 : 57）

マクロビーは、ネオリベラルな社会秩序に適合的な「フェミニズムの価値と理念」のみが「選別」されることで「ジェンダー関係」が「再確立」されていることを批判的に捉え、それを「新しい性契約」と表現していることがわかる。

ただし「性契約」の具体的内容はマクロビーの議論においては明らかでない。そこで、ウォルターのハイパーセクシャル・カルチャーの議論も踏まえながら考えてみると、例えば、「それぞれの性が性的に『魅力的』であるよう要求されること」がネオリベラリズムにおける新たな性契約と言えるかもしれない。性別役割分業というジェンダー体制においては、性別に紐づけられた労働を提供しあうことでパートナーとの相互補完的な関係が結ばれていたが、ネオリベラリズム社会においては、互いに「性的魅力」を相手に提供し合うことで、性欲の喚起と性的満足を与え合うような「性契約」が形成されつつあると定式化することができる（今後検証が必要な仮説命題として）。性欲と性的満足のシステムとして機能するあらゆる性の間の関係を包摂するのが、この「新しい性契約」である。

恋愛積極的態度が引き起こす問題

マクロビーは新しいジェンダー＝資本主義体制における性契約が、女性を社会的に不利な状況や場

★6　マクロビーは注においてキャロル・ペイトマンに言及しているが、自分は、ペイトマンの用法とは「少し異なる意味で用いている」とコメントしているのみであり、詳しい議論は行っていない（McRobbie 2009 : 90）。

へと固定化するものだと考えている。ネオリベラリズムのジェンダー再編原理によって、女性たちは性的魅力を高めるよう促されている。性的満足のためという動機をてこにして社会における性的差異が再強化され、女性は女性性（女らしさ）を刻印されることになるというのがマクロビーの考えだ。では、女性が置かれる「不利な状況や場」とは具体的にどのようなものだろうか。

マクロビー自身が、新しい性契約によって引き起こされる問題として明示的に論じているわけではないが、マクロビーは同書第5章において、女性に偏って多く見られる病理である摂食障害やリストカットなどの自傷行為を取りあげ、それを「性差の境界を新しく引き直すなかで起こっている」、「女性的障害（female disorder）」（McRobbie 2009 : 95）としている。これらは、新しい性契約の中で引き起こされる具体的な問題の例として、位置づけて解釈することが可能だろう。

マクロビーによれば、ファッション誌などが提示する「性的に魅力的な女性像」に女性たちが憧れるという形で、女性たちによる自発的な「イメージの権力」への「服従」が起こっている（McRobbie 2009 : 101）。性的魅力が、パートナーを獲得して恋愛を楽しんだり、性的関係を楽しんだり、結婚したりといった機会を増やす「キャピタル（資本、資源）」（Hakim 2011=2012）として機能する社会では、性的に魅力的な主体になろうと努力することは合理的な行動である。だが、その自発的な、「自分のため」になされる性的魅力の強化や恋愛積極的態度が、女性の生きづらさを生み出し、女性に偏って見られる病理を生み出していることをマクロビーは問題視しているということがわかる。

私たちが知っているように、権力関係は、楽しみや娯楽の慣習、気ままさの文脈の中で形成されたり形成され直されたりする。これらの若い女性向けジャンル（女性向け映画やファッション誌のことを指す）は、新しいジェンダー体制を作る生命源だ。……ポストフェミニストのジェンダー不安は、これらのポピュラーテクスト（ポップカルチャーのこと）によって標準化され、若い女性たちは「個人の選択」という言葉によって再調整されている。（McRobbie 2009 : 21‒22、カッコ内は引用者による）

また、菊地は、マクロビーらのポストフェミニズム論の議論をまとめるかたちで次のように述べている。「女性たちは新しい女性性を身につけるよう社会的に要請」されており、「そのような新しい女性性を取り巻くように、性的差異を再強化する言説が流行している」（菊地 2019 : 96）。ここからは、新しい女性性（「女性性」が英語 femininity の訳であるとすれば、femininity は「女らしさ」とも訳せる語である）の要求は、「性的差異を再強化する」ものとつながっているがゆえに問題視されていることがわかる。日本は、英米とくらべ「女らしさ」の強化の文脈において、セクシーさよりも「かわいらしさ」を強調する傾向があるが、性的魅力としての女らしさ磨きを称揚する文化的状況は、英米同様に起こっている（本書第5章も参照）。

以上より、フェミニズムが女性たちの恋愛積極的態度に対して批判的な態度をとる理由は、それが性的魅力の強化という形で、再び性的差異を作り出すものだからである。性的魅力としての「女らしさ」の価値化が強まり、女性たちに「女らしく」あることを要求する社会的圧力が高まることを、フェミニストたちは懸念している、ということがわかる。

3　「男らしさ／女らしさ」を構成するもの――「性別役割」と「性的魅力」

ポストフェミニストの恋愛積極的態度を批判的に捉えるフェミニズムの議論を見てくると、フェミニズムは、「男らしさ／女らしさ」といった「性的魅力」そのものを批判しているわけではないことがわかる。女性たちの自発的な性的魅力を強化しようとするふるまいが、性風俗業産業に取り込まれたり、性的差異の強化と新たなジェンダー関係の固定化につながったりすることを問題視しているということが見えてきた。

このようなフェミニズムの議論の立場を明瞭にするためには、「男らしさ／女らしさ」をより詳しく区別することが有効であると考えられる。そこで、性別役割としての「男らしさ／女らしさ」と、性的魅力としての「男らしさ／女らしさ」の区別を導入することにしたい〔図3－1〕。

性別役割（gender role）とは、一般にある性別に期待される役割やふるまいのことで、例えば、「男なら……するな」のような命題で表される。これまでフェミニズムにおいて性別役割分業に関する研究が蓄積されてきた。

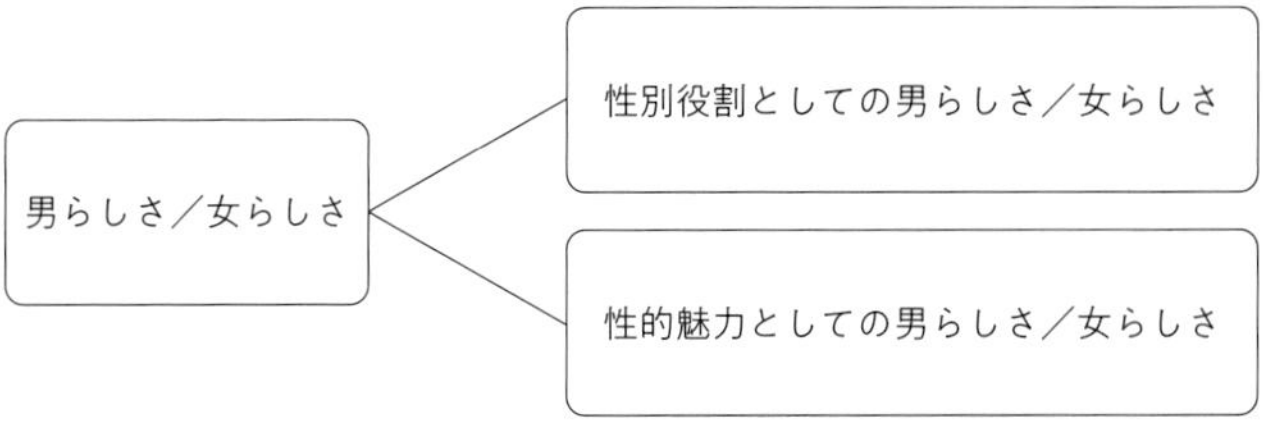

図3－1　女らしさ／男らしさの構成要素

性的魅力（sexual attraction）とは、恋愛や性の場において個々人の関心を引き、意識され、注目され、評価される、男らしさ／女らしさのことで、恋愛感情や性欲を誘発するもののことである。性別によって性愛の対象となる社会的集団を区別している異性愛および同性愛は、この性的魅力としての「男らしさ／女らしさ」を基準にして、判断していると整理できる。

「性別役割」と「性的魅力」は、重なる部分もあり、密接に関連している。よりよく性別役割が果たせている人（例えば、稼得能力の高い男性）に対して性的魅力を感じる人は多いと一般的には言われており、従来女性的な魅力とされてきた「優しさ」や、「愛情深さ」、「道徳性の高さ」などは、将来の子育てをうまくできるだろうという「性別役割」遂行能力の高さを予想させるという形で結びついていると考えられる。

だが、日常生活において私たちは「お金持ちだから、彼のことを愛している」とか、「子育てがうまそうだから、彼女を愛している」とは言わない。「頼りがいがあり、尊敬できるから、彼のことを愛している」とか、「一緒にいて安心でき、信頼できるから、彼女のことを愛している」というように、相手の人間的魅力や性的魅力を、愛する理由として挙げるのが通例となっている。つまり、社会的な性別役割への適合性と、性愛の対象となる性的魅力の高さとは異なるものとして一般的に了解されているということができる。このように日常生活で一般的に用いられているレトリックに基づいて、性別役割と性的魅力を区別することができる。

4　性的魅力をめぐるフェミニズムの立場

「性別役割」と「性的魅力」の区別によって、フェミニズムの恋愛積極的態度批判の議論を次のように整理することができるようになる。フェミニズムは、他者に性的魅力を感じることを楽しんだり、自分の性的魅力を楽しんだり、性的魅力を介した豊かな人間関係を構築したりしていくことそのものを批判しているわけではない。しかし、性的魅力の強化を通して性的差異が強化され、性別役割の固定化や、新たな性別役割の形成につながることを懸念している。フェミニズムが「恋愛そのもの」を批判しているように見えたとすれば、その原因は、性別役割と性的魅力の区別が曖昧だったことで、フェミニズムの性別役割批判が過大解釈されたためだと言うことができる。

そうであれば、今後必要になってくるのは、「性的魅力」の強化が本当に「性別役割」強化につながっているのか、具体的にどのようなルートで、どのような「性別役割」の強化や新たな形成が起こっているのかを、事例に即して明らかにしていくことであろう（本書第5章では、日本の事例を用いてこれが実際に起きていることを明らかにする)。

ポストフェミニストの主張においては、「自分にとって望ましい女らしさ/望ましくない女らしさ」の区別が重要なものとしてあった(第2章)。ポストフェミニストは、自分が望ましいと思う女らしさを積極的に実現していくことを重視している。恋愛や性への積極的態度や、恋愛結婚への積極的態度も、それが「自分にとっての望ましい女らしさ」の実現につながっている。それに対して、自分が望ましいとは思わない「女らしさ」を他者から押し付けられることに対しては強い不快感を示し、抵抗の声を上げていた。ポストフェミニストの言う「望ましい女らしさ」には、「性別役割」としての女らしさも「性的魅力」としての女らしさも含まれている。

フェミニズムの主張を整理するためには、「性別役割としての女らしさ/性的魅力としての女らしさ」の区別が重要になる。フェミニズムにおいては、性別役割としての女らしさが社会的に強化されていくことは、それが個人を抑圧する可能性があるため、多くの場合、否定的態度がとられている。だが、性的魅力としての「男らしさ/女らしさ」という二分法についてどのように考えるかについては、フェミニズム内部でも多様な立場がある。性的魅力を抑制して「(性的に)純潔を保ち、清く正しく」生きるべきだと主張しているフェミニストは現代ではほとんど見あたらない。論点は、性的魅力としての「男らしさ/女らしさ」という二分法をどのように捉え、どう考えていくかという点にある。

一方で、性別役割としての男役割/女役割という二分法に対しては批判的だが、性的魅力としての

「男らしさ／女らしさ」が関わる愛の領域は「個人的なもの」であるがゆえに、社会的に議論することには一定の限界があるとする立場がある（例えば、ラディカル・フェミニズムを批判的に継承している吉澤（1993, 1997）はこの立場と読解することができるかもしれない）。

他方で、性別役割だけでなく、性的魅力としての「男らしさ／女らしさ」という二分法もまた緩んでいくことによって、将来的には個性という差だけが残るのが社会的に望ましいと考えるフェミニズムの立場もあるだろう。

5 性的魅力強化への邁進が引き起こす問題——第3章のまとめ

女性たちが自分の女らしさを磨くことでより魅力的になろうとする行動は、これまでも見られてきたが、性解放後のポストフェミニズムという社会状況において、女性たちはより性的に過激と見える方向へと女磨きを加速化させている。このような文化的潮流がフェミニストによってハイパーセクシャル・カルチャーや新しいジェンダー体制と呼ばれ、批判的に検討されている。フェミニストが懸念しているのは、性的魅力としての女らしさの価値化が強まることで、女性たちに「女らしく」あることを要求する社会的圧力の高まりが生じ、性別役割が維持・強化されることだ。ポストフェミニストたちの恋愛積極的態度に対してフェミニストが批判のまなざしを向けるのは、フェミニストが恋愛の自由や性的自由を否定的に捉えているからではない。フェミニズムが恋愛そのものを批判しているように見えた原因は、性別役割と性的魅力を分節化していなかったこと、そして両者の関係性についての丁寧な検討や検証がいまだなされていなかったことによる。

第2部

日本のポストフェミニズム

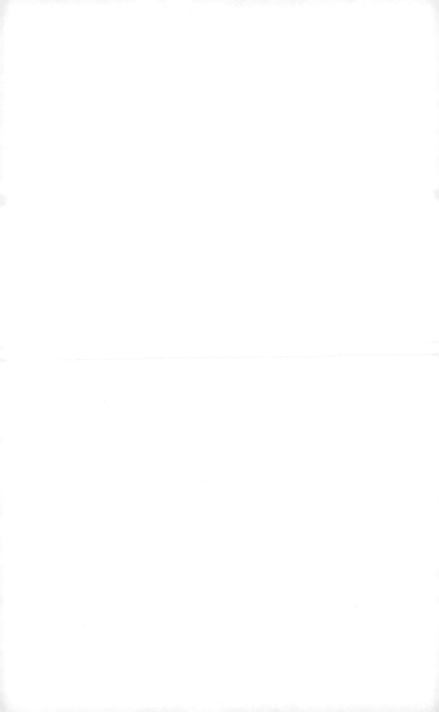

1．第2部のはじめに

第1部の検討で明らかになったポストフェミニズム論の枠組みを踏まえながら、第2部では2000年代以降の日本の状況を見ていこう。

ポストフェミニズムとは、フェミニズムに対するバックラッシュ後に生じたフェミニズム離れという文化状況のことを指す。

日本では、2000年代前半にバックラッシュが起きた。そして、その直後の2000年代後半から、若者を中心に、一見すると第二波フェミニズムからの離れ行きとも見えるトレンドの変化が起こっている。性別役割分業意識の上昇（もしくは低下の停滞）（第4章）と、性行動の不活発化（第6章）である。

これまでフェミニズムはジェンダー平等を目指して、具体的には女性の経済的自由と性的自由の獲得を目指してきた。それに対して、2000年代後半のデータに見られる若者の性別役割意識の高まりや、性行動の消極化は、あたかもフェミニズムの目標への逆行であり、フェミニズムの目指してきた理念は若者の支持を得られていないかのように見える。

しかし、この二つのトレンドを具体的に検討していくと、フェミニズムが提示してきた男女平等の理念の無効化やそれに対する逆行が起こっているわけではないということが明らかとなってくる。

2000年代に見られる若い女性たちの「性別役割意識の上昇」の内実を調べるため、第5章では、2000年代に恋愛積極的態度の時代的流行を象徴する『CanCam』の「めちゃ♥モテ」ブームを分析する。「めちゃ♥モテ」に見られる女性像は、ここまで論じてきた恋愛積極的態度をとるポストフェミニストに相当する。また若者の「性行動の不活発化」に関するものとして、第7章では、2010年代後半に登場した新しい異性友人である「添い寝フレンド（ソフレ）」の調査結果を紹介する。

2. 日本ではいつからポストフェミニズムが始まるのか

英米でフェミニズムに対するバックラッシュが起こったのは、1980年代であったが、当時の日本は55年体制下にあり、部分的にネオリベラリズム的政策は始まったものの、大規模なアンチフェミニズムの動きは起こらなかった。日本でバックラッシュが起こったのは、冷戦終結後のグローバル化が本格化し、ネオリベラリズム的な労働規制緩和が急速に進められていった1990年代末から2000年代前半である。この時期のアンチフェミニズム運動は、歴史修正主義的思想を持つ新しい保守主義的・右翼的勢力によって担われ、「伝統的」な性別役割に基づく家族の価値を称揚し、フェミニズムは家族の価値を破壊するものという批判を行った。ここから、この時期の日本のバックラッシュは、英米の1980年代に起こった「第一のバックラッシュ」（第1章）に相当するものであったということができる。

英米では1980年代のバックラッシュ後、1990年代にポストフェミニズムが広く社会に認識されるようになるという流れがあった（第1章）。この図式をそのまま日本に適用すれば、日本のポストフェミニズムが始まるのは2000年代後半以降ということになる。

しかし、日本のポストフェミニズムがいつ始まったのかについては、議論の余地がある。というのも、日本では、1990年代頃からすでに「ポストフェミニズム」に相当するような社会的現象が起こっていたと言うこともできるからだ。バブル経済期を経た1990年代の日本の経済状況は、若い女性たちの経済状態や労働環境も含めて、英米と似た状況にあった。それゆえ「経済的自立と性的自立を獲得して都会生活を謳歌する女性像」に相当するような女性たちの層は1990年代の日本において一定の厚みをもって登場しており、OL生活を送る女性を主人公としたドラマや映画、マンガはこの時期、多く見られる。実際、ポストフェミニズムをネオリベラリズム的な経済的・政治的政策が進められていく時代に生まれた「文化」であると捉える三浦（2013）は、1986年の日本の「雇用機会均等法」施行以降の文化を、日本のポストフェミニズムと規定している。

また、英米文学研究者らを中心に、1990年代にすでに英語文化圏でのポストフェミニズムという文化的潮流が部分的に日本に輸入されていたということも考慮する必要があるだろう（巽 1991）。

ここから、日本のポストフェミニズムが1990年代からあったと捉えるべきか、それともバックラッシュ後の文化であるという規定を重視して2000年代後半から起こった文化状況であると捉えるべきかは、今後さらなるデータの収集をしながら議論していく必要のある問題だと思われる。

このように1990年代の日本社会をポストフェミニズム状況と言えるかどうかは論争的だが、2000年代のバックラッシュ後の社会状況をポストフェミニズムと見なすことについては多くの人によって共有されるものと思われる。そこで、本書では、1990年代にポストフェミニズム萌芽的な社会現象は見られたが、日本のポストフェミニズムが本格的に始まったのは2000年代以降であると整理しておくことにしたい。

第4章

バックラッシュ以後の性別役割意識の強まり

1　2000年代後半以降の若い世代の「保守化」

2000年代後半以降の日本では若い世代の「保守化」といわれるような社会的態度の変化が起こった。若者の「権威主義」傾向の強さや、ナショナリズム感情（反国際化志向）の強さ、自民党支持率の高まり[★1]、性別役割に基づいた家族志向の上昇、そして性行動の不活発化などが指摘されてきた（轟編 2005、田辺 2018、友枝編 2009, 2015、吉川・狭間編 2019、片桐 2019、細川 2018、日本性教育協会編 2013, 2019など）。

★1　1990年代までの若年層の革新政党支持率の高さという特徴が消え、2000年代には、他の世代同様若年層でも自民党支持率が高くなった。「支持政党がない」人が過半数を超えていることや、自民党一強状況にあることを踏まえ、支持政党によって保守／革新の態度を測定できなくなっているという指摘もあるが（谷口 2012）、自民党支持層の権威主義的態度や性別役割志向の高さ（田辺 2018）を踏まえれば、無視することもできない傾向であると言える。

ど）。若者とは反抗的で、抵抗文化《カウンターカルチャー》的なメンタリティを持つものという世界大戦後に先進国で形成されてきた若者像は、２０００年代以降の日本の若い世代には当てはまらなくなっている。だが、それは「古き良き日本」や「伝統」に回帰しようという意味での積極的な保守回帰運動を意味するわけではない。政治的イデオロギーレベルでの主義主張として保守化が起こっているというよりも、親世代が築いてきた社会的関係を自分たちも継続することを望み、「現状維持」（山田［2009］2015）を志向した結果、社会的態度としての保守化が起こっているというのが現実に近い。

　若者の性別役割意識について見ていく本章では、まず、２０００年代後半からデータ上、見られるようになる性別役割意識の強まりを概観し、次に、その原因についての議論を整理していく。

　ここでは、一貫して、性別役割意識を見ていく。性別役割による社会構造——実際に、家事労働と賃労働が性別ごとにどのように配分されているかや職域分離［★2］——ではなく、人々の性別役割に関する意識に限定して、それがどのように変化しているのかに議論を絞る。なぜなら、本書の目的は、フェミニズムに対する現代の若者の態度に光を当てることにあるからである。

2　若い世代の性別役割意識の強まり

1．性別役割支持率の上昇

若い世代の性別役割意識の強まりを指摘した早い段階の調査として、2001年と2007年に福岡県と大阪府の高校生を調査した友枝ら（2009）の研究がある。ここでは、性別役割分業[★3]を肯定する人の割合が2007年に高まっており、また性別役割分業支持と権威主義傾向（「反国際化志向」「伝統志向」「公重視」）に相関が見られることが報告されている。「現在の日本社会への満足度」が高い人ほど権威主義傾向が強い（友枝 2009 : 125）ことを踏まえると、これが現状維持を望むという意味での「保守化」であることがわかる。友枝は『お国のために』『滅私奉公』的な価値観ではなく、「私もしくは個人を重視する価値観にもとづ」いて成立している「新しい保守意識」があるとしている

★2　日本では、性別役割分業意識そのものの流動化は、1970年代後半から見られたにもかかわらず、実態の変化（女性の就労継続率）が伴わず、長い間、意識と実態の乖離の原因究明と対策に関する議論がなされてきた。
　また、落合（2011）が指摘するように、性別役割分業意識と、実際の女性労働力率とがねじれることもある。例えば、アジアで見ると、タイ、中国、フィリピンのような女性労働力率の高い国の女性の、性別役割を肯定する意識は強く、韓国のように労働力率が低い社会でかえって性別役割意識肯定率は欧米並みに低いという特徴が見られる。

★3　具体的には、「男性は外で働き、女性は家庭を守るべきである」の肯定率が上昇し（16・0%→19・4%）、「専業主婦という仕事は、社会的にたいへん意義あることだ」の肯定率も上がり（34・1%→49・6%）、「結婚や出産を理由に、女性は仕事をやめるべきではない」の肯定率が下がっている（32・7%→29・2%）（森 2009 : 171–172）。

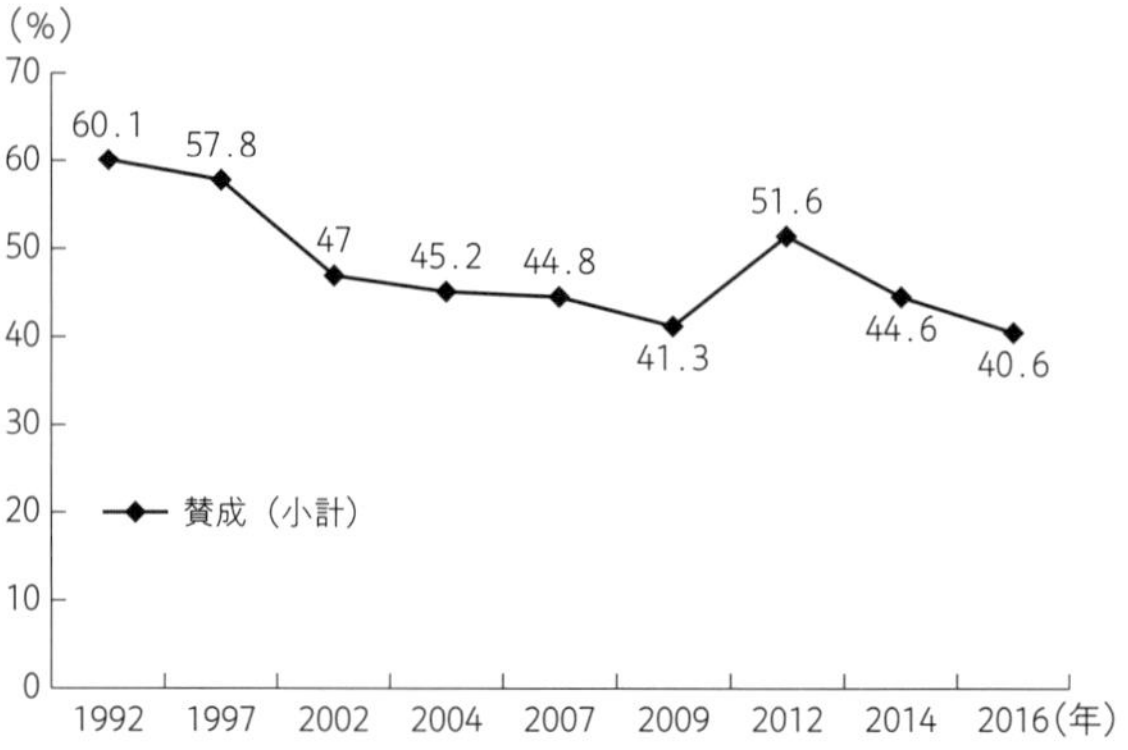

図4-1　「夫は外で働き，妻は家庭を守るべきである」賛成率の推移（世論調査）

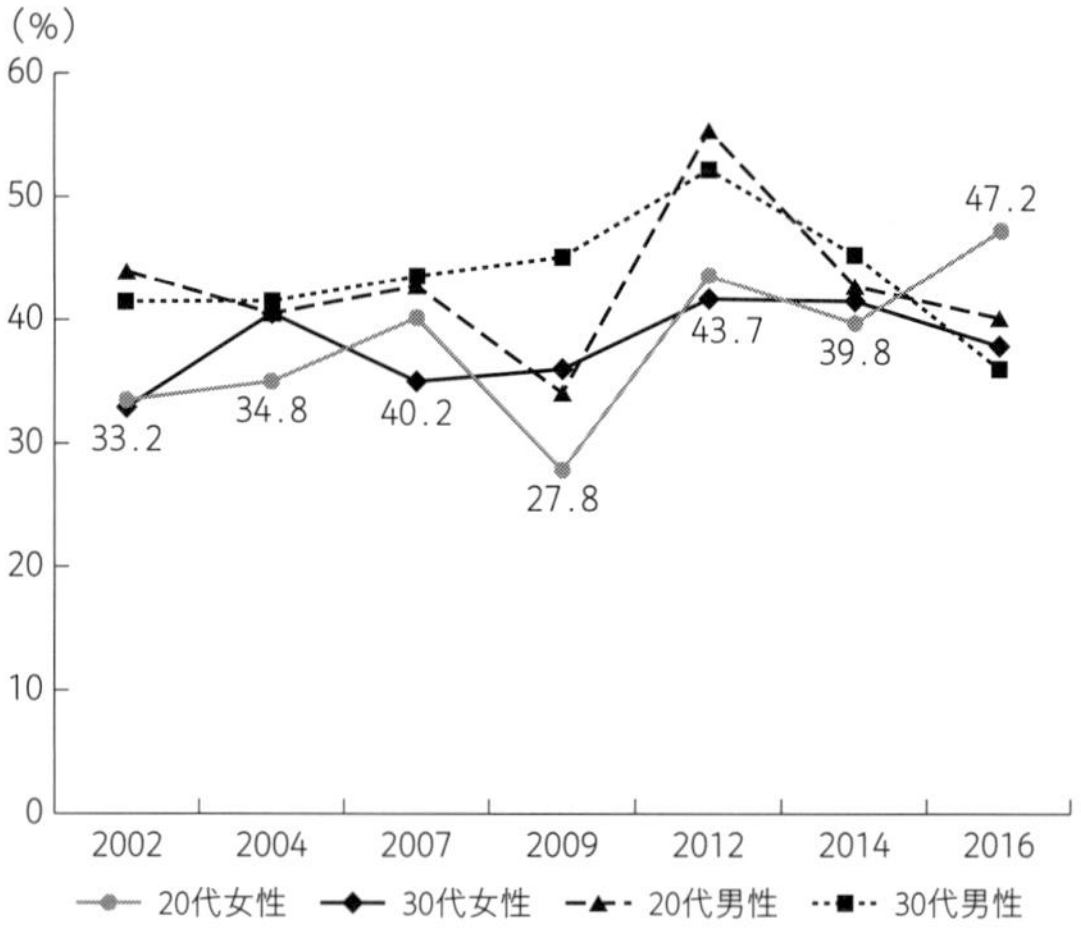

図4-2　男女世代別「夫は外で働き，妻は家庭を守るべきである」賛成率の推移（世論調査）

（友枝 2009：117）。また、森（2009：183）は、2007年までの調査を踏まえて、若者の権威主義化傾向が、今後さらなる「性別役割分業意識の復活をもたらす可能性が示唆される」と的確な予想をしており、実際そうなった。

2000年代後半からの性別役割意識の上昇に関するデータを詳しく見ていこう。内閣府の「男女共同参画社会に関する世論調査」（以下、「世論調査」と呼ぶ、調査対象者は20歳以上の者）によれば、「夫は外で働き、妻は家庭を守るべきである」に対する賛成割合（「賛成」＋「どちらかといえば賛成」）が、2000年代後半以降、変動した。

全体の推移をみると、2012年に賛成率が大幅上昇し、再び過半数を占めたことがわかる［図4-1］。これを性別・世代別でみると、2004年の段階で20代女性と30代女性の性別役割意識が上昇しており、2000年代後半に男性の性別役割意識も高まっている［図4-2］。2004年度調査の30代女性の賛成率（40・5％）や、2007年度調査の20代女性の賛成率（40・2％）は、同年の40代女性や50代女性よりも高い。2009年には、全体的に、性別役割分業意識肯定率が一度低下するが、2012年には再び40％台へと跳ね上がるなど、不安定な動きを見せており、1990年代まで一貫して続いてきた「性別役割分業意識の若年層での低下」というトレンドに変化があることがうかがえる。

国立社会保障・人口問題研究所の「家庭動向調査」［★4］においても、既婚妻の性別役割分業支持率（「結婚後は、夫は外で働き、妻は主婦業に専念すべきだ」）や、「子供が3歳くらいまでは、母親は仕

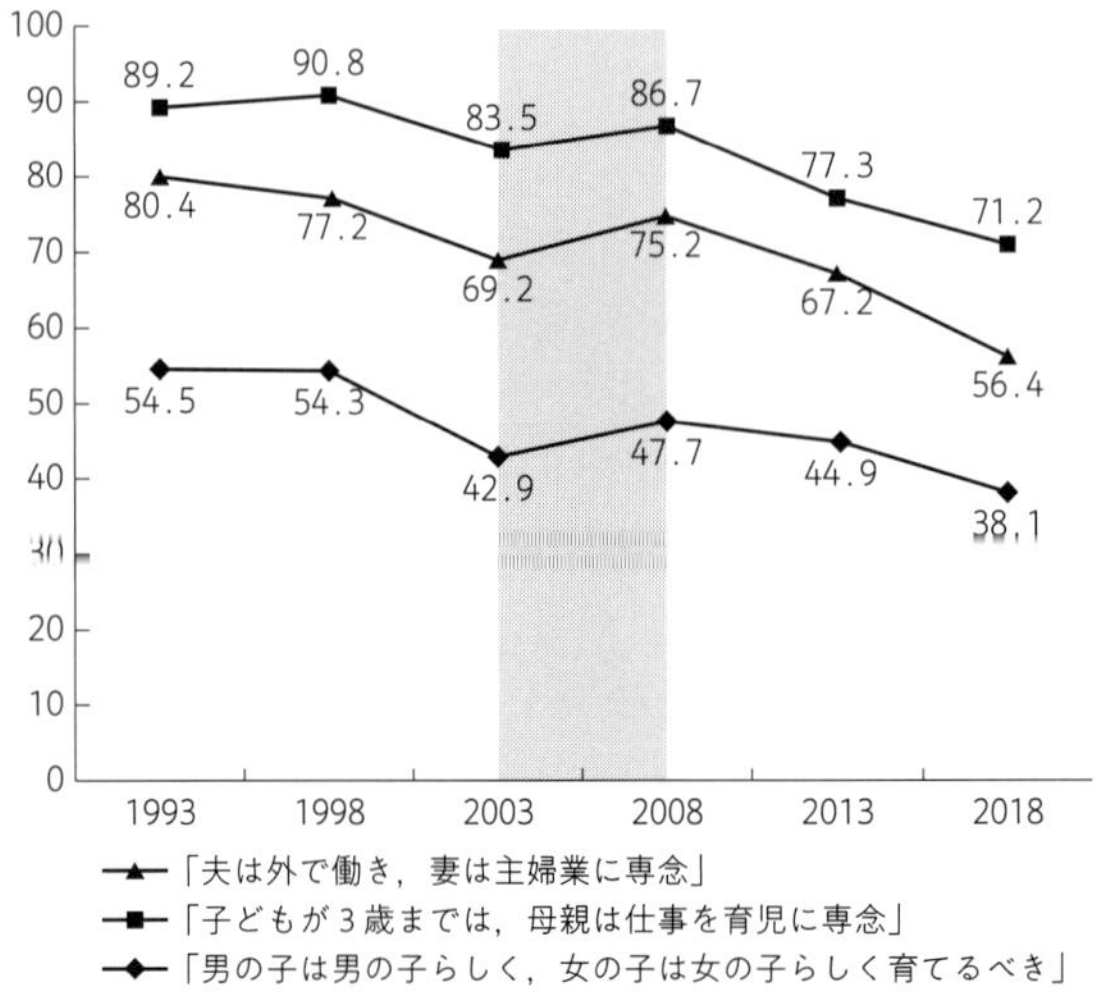

図4－3　国立社会保障・人口問題研究所　「家庭動向調査」結果

事を持たず育児に専念したほうがよい」、「男の子は男の子らしく、女の子は女の子らしく育てるべきだ」が2000年代後半に一時的に高まった。2003年の第3回調査まで見られた賛成割合の低下傾向が止み、上昇したことが確認できる［図4－3］。

2. 継続調査のデータでみる性別役割意識

性別役割意識の上昇に関する、長期スパンのデータからも、2000年代中盤頃から性別役割分業意識の低下傾向が失われたことが確認されている。

永瀬・太郎丸（2016：104）は、「日本人の意識調査」（NHK放送文化研究所世論調査部、1973年から5年ごとの面接調査、対象は16歳以上の国民）の1973年から2008年までの回答を分析し、2003年まで男女ともに性別役割分業意識は弱まっていたが、その後は性別役割分業意識の「低下が停滞あるいは保守化に転じて」いることを明らかにしている。

ＳＳＭ（The national survey of Social Stratification and social Mobility、社会階層と社会移動全国調査、１９５５年から10年ごとの調査）を分析した細川（2018）は、２００５年頃から性別役割意識の低下傾向が止まっており、とくに20代、30代の男女という若い世代での性別役割意識低下の停滞や上昇が見られることを明らかにしている[★5]。若い世代ほど性別役割意識肯定率が低く「進歩的」な考え方を持っていたという傾向が、２００５年以降変わってきており、団塊の世代以降の世代間の性別役割意識の差が消えつつあることが指摘されている。

全国家族調査（ＮＦＲＪ）[★6]を分析した西野（2015）もまた、「28－32歳」「33－37歳」「38－42歳」

★4　「社会保障・人口問題基本調査　全国家庭動向調査結果の概要」（http://www.ipss.go.jp/ps-katei/j/NSFJ5/Kohyo/NSFJ5_gaiyo.pdf（２０１９年10月31日閲覧）、ならびに、http://www.ipss.go.jp/ps-katei/j/NSFJ6/Kohyo/NSFJ6_gaiyo.pdf（２０１９年10月31日閲覧）。

★5　95年、05年、15年と新しくなるほど性別役割意識は全体として低下しているが、95年から05年にかけては、すべてのコーホートにおいて低下幅が小さくなっており、「ほとんど変化が見られ」ない（細川 2018：116-117）。「特に１９４６年－５５年（95年：40代、05年：50代）、１９６６年－７５年（95年：20代、05年：30代）のコーホートは10年間でほとんど変化していない。95年から05年はすべてのコーホートにおいて意識は停滞気味であった。」（細川 2018：116-117）。

そして、「２０１５年の特徴として、１９８５年から２００５年調査では、若年層ほど肯定割合が低い、という年齢の効果が見られていたのに対して、２０１５年時に20代（１９８６－９４年生まれ）、30代（１９７６－８５年）、40代（１９６６－７５年）のコーホートでほとんど差異が見られなくなっており、むしろ50代（１９５６－６５年）コーホートの方が、性別役割肯定割合が最も低いという結果になっている」（細川 2018：117）。

において、04年時（ＮＦＲＪ03と表記）よりも09年調査時（ＮＦＲＪ08）の方が、性別役割を肯定する割合が高くなっていると論じている。「ＮＦＲＪ98から03へと役割分業意識の弱化傾向が認められるが、ＮＦＲＪ03から08への時点ではそうしたリベラル化の傾向がもはや認められず、役割分業意識の変化は停滞しているか、むしろ若年世代では分業意識の高まり、すなわち保守化が認められる」（西野2015：141）。

最後に、日本版総合的社会調査（Japanese General Social Surveys：ＪＧＳＳ）分析も挙げておこう。佐々木（2012）は、２０００年以降性別役割意識の低下に歯止めがかかっていることを指摘している。「世代効果は、男女ともに、１９３０年前後生まれのコーホートが、最も固定的な性別役割分業意識をもっており、１９４５年から１９６０年頃までの戦後生まれのコーホートが、最も柔軟な性別役割分業意識をもっている。１９７０年生まれ以降の女性は、固定的な性別役割分業意識の方向へ回帰しており、近年の雇用情勢との関連が指摘できる」（佐々木2012）［★7］。

3　性別役割意識の上昇の要因は何か

1．誰が性別役割分業を肯定しているのか

性別役割分業意識の低下に歯止めがかかるという現象が、２０００年代後半から２０１０年代前半

に起こったということが確認できる。では、この時期に性別役割意識が維持・上昇した要因としてどのようなものが論じられてきたのだろうか。

この原因究明の糸口になると一般的に考えられているのは、誰が性別役割を肯定しているのかを明らかにすることだろう。どのような「個人属性」（年齢、性別、学歴、就業形態、出身階層）を持つ人が強い性別役割意識を持っているのかを明らかにできれば、その層の増加によって全体の性別役割支持率の上昇が起こった等々の説明ができる。

しかし、結論から言うと2000年代後半以降、性別役割分業を肯定する人とそれを否定する人とを分ける分断線が見えなくなっている。学歴が高い女性の中にも、低い女性の中にも、正規雇用の女性の中にも非正規雇用女性の中にも、結婚・出産というライフステージにおいて就業継続した女性の中にも就業中断した女性の中にも、一定割合の性別役割分業支持派と反対派とがいる。そのため、誰が性別役割に肯定的なのかを特定することができない。詳しく見ていこう。

★6　全国家族調査（National Family Research of Japan：NFRJ）、1999年、2004年、2009年の3時点調査。

★7　ちなみに、当該時期に性別役割意識の上昇が見られないものもある。例えば、全国の中学生、高校生、大学生を調査対象とする日本性教育協会の「青少年の性行動全国調査」のデータでは2000年代後半の上昇は見られないが、2000年代以降、性別役割分業支持割合の低下が緩やかになっている（石川 2019：49）。

階層と性別役割分業肯定との関連性――1990年代

1990年代までは誰が性別役割分業を支持し、誰が性別役割にとらわれない生き方を目指しているのかは、データ上、明らかだった。性別役割支持率が低いのは、年齢で言えば若い世代で、学歴で言えば高学歴の人で、就業形態で言えば正規職雇用についている人で、性別で言えば女性だった。

小倉（[2003] 2007）は、専業主婦志向の強い女性たちを調査し、四年制大学卒女性とも、高卒・専門学校卒女性とも異なる、短大卒女性たちの「短大生パーソナリティ」なるものを論じたが、この議論は90年代までのデータによってもある程度裏付けることのできるものだった。学歴によって性別役割分業に関する意識の違いが明瞭に見られた時代だったのだ。

小倉はインタビュー調査（52名）を通して「最終学歴は、ほとんどがその人の出身階層の関数であり、本人の価値観・職業観・男性観に関して大きな影響を与えていた」（小倉［2003］2007：35）とし、「短大生パーソナリティ」を次のように説明する。すなわち、「彼女たちは、どうせ自分たちが一生続けられる、やりがいもあり収入もあり、子育てと両立できるゆとりのある仕事に就けるとは思っていない。結婚して子どもができて、子どもを保育園に預けてまでして両立させなければならないほどの仕事についていていない多くの女性たちは、この『依存』結婚を目指して、相手探しに余念がない」（小倉［2003］2007：41）。四大卒女性はキャリア志向が強いため性別役割肯定率が低いが、短大生は、キャリア志向が弱くその代わりに性別役割意識を強めている、というのが小倉の整理である。

学歴、就業形態等による女性の性別役割分業意識の差の消滅――２０００年代

それに対して、２０００年代中盤以降のデータでは、学歴が高い女性の性別役割意識が低く、そうでない人が高いという違いは見られなくなっている。学歴（教育年数）だけでなく、年齢や就業形態、出身階層（親の世帯収入や就業形態、学歴など）などの個人属性と性別役割意識の相関が弱まっている（西野 2015、細川 2018）。年齢に関して言えば、団塊の世代（１９４６－４８年生まれ世代）以降、年齢による性別役割支持率の差は小さくなっており、若者の性別役割支持率が低いという傾向は消えた。学歴に関しても、高卒女性（教育年数が短い）が性別役割分業を支持し、四大卒女性がリベラルな意識を持っているとはかぎらなくなっている。この点では、第1章でふれたアロンソン（2003）の調査とは違った結果が出ている。

結婚・出産というライフステージを経験した女性の就業形態と性別役割分業意識に関しては、細川（2018：135–136）が詳しい分析を行っている。それによれば、結婚・出産後に就業を継続した女性と、継続しなかった女性（具体的には「専業主婦型」、「末子出生時再就職型」、「末子6歳時再就職型」）の間に、性別役割分業肯定率に関する統計的に有意な差がなかった（30代から60代までの全ての年齢層において）。ここから、女性の現実のライフコース選択（キャリア継続／中断）は、性別役割意識が一義的に決めているわけではないということがわかる。自分の価値観とは異なるライフコース選択をしている人たちが、一定数いるということだ。性別役割分業に否定的な見解を持っている女性が離職したり、性別役割分業を肯定する女性が就業していたりすると考えられる。この実態について丁寧に見ていくこと

が現在の重要な研究課題となっている（例えば、中野（2014）は、高学歴女性が、高学歴男性と結婚するために、夫の海外転勤についていくために離職するといった事例について報告している）。

ライフステージや置かれた社会状況による性別役割意識の変化

２００９年までのＮＦＲＪデータを分析した西野（2015）もまた、２０００年代以降、本人の年齢、学歴、就業形態や出身階級（両親の世帯収入や職業、学歴、就業形態）によって性別役割意識が決まる傾向が見られた90年代からの変化が見られるとし、個人がその時々の置かれた状況によって意識を変えている「可塑性を前提とした仮説」に基づいた検討が必要だと論じている。具体的には、それぞれのライフステージにおける働き方（子育て女性の就労環境や家事育児援助者状況）や、配偶者の状況（夫の学歴、収入や社会的地位、家計収入貢献度、夫の性別役割意識、実際の家事貢献度など）といった外在的要因によって、女性の性別役割意識が変わっている可能性があることが示唆されている。

さらに、個人の「家事労働負担感（不公平感）」は、客観的な家事負担量だけでなく、当人がどのような性別役割意識を基準として持っているかによっても異なることが明らかになっている。性別役割意識に肯定的な女性（「男は仕事、女は家庭」が良い生活だと考える女性）は、家事育児を多く負担していても不公平感や負担感が低い（岩間 1997）。このことを踏まえれば、現実に女性の側が不平等な家事育児負担を強いられる状況に置かれたとき、性別役割への肯定意識を内面化した方が、日々のストレスが少なくて済むため、性別役割意識を変化させるということも考えられる。

2.「女女格差」によるものではない

このような2000年代以降のデータの変化を踏まえると、山田昌弘（[2009] 2015）の「女性の二極化（女女格差）」による女性の性別役割意識の上昇という説明には、留保をつけた方が良いということになる。

日本では、1980年代中盤からバブル景気を背景に女性の「社会進出」が進み、女性の雇用・労働環境をめぐる法制度の整備が進んできた。しかし、それらの男女の平等化政策で対象となったのは正規雇用者だった。1990年代後半からの労働規制緩和によって非正規雇用率が増えると、男女平等政策の恩恵が行きわたらない未婚・非正規雇用女性層が形成された。不十分な所得水準に押しとどめられ将来のキャリア展望も開けておらず、育児休業制度の適用がほとんどなされない非正規雇用女性層が結婚志向となり、女性全体の性別役割支持率の上昇をもたらした（山田［2009］2015：80–81）というのが山田の議論である。

たしかに、女性間の所得の二極化が見られることは、2005年までのSSMデータを分析した岩間（2008）においても確認されている。しかし、すでに述べたように、女性の就業形態と性別役割意識との関連を調べた研究では、その相関関係は否定されている（細川 2018）。したがって、2000年代以降の若い世代の女性たちの性別役割意識維持の原因を考えるときには、女性の非正規雇用化によって女性全体の性別役割支持率が上昇したという説明は成り立たないことになる。

正規雇用女性においても長時間労働の常態化や、未整備にとどまっている子育て支援制度とその使いにくさといった問題などに直面しており、その結果正規雇用非正規雇用に関わらず、一部の女性たちは収入が安定している男性と結婚することで子育てをしようという展望を持つようになったと考えられる[★8]。

言い換えれば、1990年代までは、学歴が高く正規職に就いている女性たちの性別役割分業意識が低く、それが全体の性別役割分業意識の低下を牽引してきた。しかし、この層の女性たちの性別役割意識の低下が停滞し、他の女性や男性たちとの差が見られなくなっている。ここから、高学歴のキャリア継続希望の女性たちが、子育てとキャリアの両立の不可能性という壁に直面したり、制度的改善が進まない現状の中で大変そうにしている先輩女性たちの姿を見聞きしたりするなかで、性別役割分業を肯定する意識を強め、それによって子育てをするという選択肢の実現可能性を高めようとしていると見ることができる。

3. 時代要因としてのネオリベラリズムとジェンダーバックラッシュ

誰が性別役割意識を持っており、誰が持っていないのかという「個人要因」は特定できないが、全世代での性別役割意識の下げ止まりが起こっている。この2点から、多くの研究者は、性別役割意識の維持の原因を「時代要因」によるものとしている。つまり、全世代の性別役割意識に影響を及ぼすような時代要因によって、性別役割意識が下がらなくなったという考え方だ。

例えば、永瀬・太郎丸（永瀬・太郎丸 2016 : 111–112）は2000年代に具体的影響がではじめたネオリベラリズム的な経済政策を原因として挙げ、「人々の生活の不安定感の高まり」が性別役割意識の維持をもたらしたのではないかと示唆している。

また、友枝（2009）は、2000年代の中国経済の台頭や「少子化、高齢化、産業構造の空洞化」による「地域や家族の崩壊」、「日本社会における保守主義及び保守意識の浸透」、「ジェンダーフリー・バッシング」（バッシングは「叩き」の意味であり、本書でジェンダーバックラッシュとして論じてきたものと同義）などを挙げている。

子育てと仕事をどうやったら両立していけるのかの展望が見えない中、人々はパートナーの仕事の状況やその時の自分の仕事の状況、家族状況などに合わせた柔軟な性別役割意識を持つことで現実に対応するようになったと考えられる。女性が苦渋のライフコース選択を迫られる事態の中で、「性別役割分業からの解放」という価値観や理念が女性たちの意識の中で占める場所は小さくなっているのではないか。

★8　郭雲蔚（2018）は、2015年のSSM分析から、非正規雇用女性と正規雇用女性の生活満足度が、男性の場合ほど大きく変わらない原因は、非正規雇用であることによって家庭と両立しやすくなる点にあることを明らかにしている。

4　現代を生き抜く戦略としての柔軟な性別役割意識――第4章のまとめ

本章では、バックラッシュ直後に起こった、フェミニズムの理念から逆行するように見える、日本の若い世代の性別役割分業意識の上昇（もしくは低下の停滞）について見てきた。誰が性別役割を強めているのかについての分析を詳しく見ると、90年代までには見られていた特徴が見えにくくなっている。一定の階級、学歴、就業形態、既婚／未婚の人が性別役割意識を高めたことで引き起こされているわけではない。性別役割意識の高まりは、学歴や就業形態などの差に関わらない性別役割肯定の広がりによるものだと考えることができる。

女性の就労を進めつつも、男性の家事育児参加や子育て支援制度が整わず、仕事と子育ての両立ができるか否かが「運次第」となる中、フェミニズムの言う「性別役割からの解放」といった理念を重視するよりも、むしろ、現実のその時々の状況に合わせて柔軟に対応していくことのできるような価値観を持つことが、現代を生き抜くのに最も適合的な戦略になっているのではないかということが見えてきた。積極的なフェミニズムへの反対意識や、強い保守的価値観への賛同から、性別役割意識の上昇が起こっているわけではなさそうだが、性別役割に捉われない新しい性関係というフェミニズム的理念への賛同という潮流も弱まっているという状況であるとまとめることができる。

次章では、バックラッシュと同時期に起こった女性向けポップカルチャーにおける流行現象を見ていくことで、性別役割肯定的態度の具体的なあり方を明らかにしていこう。

第5章

恋愛積極的態度が生み出す性別役割

「めちゃ♥モテ」ブームの分析

1　2000年代の空前の「モテ」ブーム

保守派とフェミニズムとの間の攻防が繰り広げられていた2000年代前半、10代後半から20代前半の女性向けポップカルチャーでは、空前の「モテ」ブームが起こっていた。ファッション誌『CanCam』(小学館)発の「めちゃ♥モテ」ブーム(2003年－2008年)である。このブームには、女性の恋愛積極的態度というポストフェミニスト的特徴が見られる。そこで、日本の「めちゃ♥モテ」ブームを見ていこう。

「モテる」[★1]とは、不特定多数の人から恋愛・性愛の相手として選ばれやすいことを意味し、ちやほやされたり、特別な好意を向けられたりすることを指す。『CanCam』の造語である「めちゃ♥モテ」は、多くの異性から特別な関心を寄せられ、頻繁にちやほやされることを意味する。

女性が人から好かれたい、愛されたいという願望を持つことそれ自体は、新しい現象ではない。とくに、ケア労働役割を担うことの多かった女性は、他人のニーズを汲みとるための共感能力を要求され、人との愛情関係や信頼関係に重きを置く心的傾向《メンタリティ》が「女らしい」と評価されやすかったという経緯がある。「女性」（社会的カテゴリーとして一般化された意味での「女性」）にとって「愛し、愛されたい」「他人から好かれたい」という願望はなじみ深いものとも言える。

だが、２０００年代の女性向けファッション誌から始まったモテブームの中で起きたのは、ケア役割と親和的な「伝統的」性別役割としての女らしさ志向というよりも、恋愛の場面を念頭に置いた「女らしさ」を強化するふるまいの流行である。このことは、「モテ」というコピーが、流行を巻き起こしたことからも見て取れる。

男性が「モテ」という語を使うとき、セクシュアリティと結びつくことが多い（三浦 2009）。それに対して、女性が「モテたい」という願望を表明するときには、性的欲望の対象になることよりも、恋愛結婚の対象として特別な関心を向けられることを指している。

これまでの女性ファッション誌でも、「男の子が好きな女らしさ」特集等は定期的にひっそりとなされてきた[★2]。それに対して、２０００年代の『ＣａｎＣａｍ』は、表紙に大きく「モテ」の字を載せ、「モテ」という語を前面に押し出し、「モテ」の語を使えば使うほど発行部数を伸ばしていった。ここでは、女性たちの恋愛積極的態度を促す「モテ」という語が誌面においてどのように用いられているのかを分析していく。

2 「めちゃ♥モテ」ブームとは何か

1．結婚生活における性別役割ではなく、恋愛における性別役割

フェミニズムから距離をとるような女性たちの動きが引き起こした社会的ブームとして、1990年代中盤の専業主婦ブームがある。『VERY』（光文社）を皮切りに優雅な専業主婦向けファッション誌が創刊ラッシュを迎えた（『La vie de 30ans』（婦人画報社、1995-2006）、『Grazia』（講談社、1996-2013）、『Domani』（小学館、1997-））。『VERY』は、『JJ』を読んで女子大生時代を過ごし1995年当時主婦になっていた、1960年代後半～1970年代前半生まれの都市部居住既婚女性をタ

★1　「モテる」とは動詞「持つ」の可能動詞に由来するタ行下一段活用動詞「もてる（持てる）」で、①人気があってちやほやされる、②長くその状態を保つ、維持する、もちこたえる、の意味があるが（『大辞林』）、近年のファッション誌で用いられる「モテる」は①の意味である。『CanCam』では、派生的に女友だちや、「彼のママ」、女性の先輩や女性上司といった同性からの好意獲得の意味でも用いられている。

★2　女性ファッション誌『an an』（平凡出版→マガジンハウス、1970-）や『non-no』（集英社、1971-）は、1980年代において年1から2回のペースで「モテ」特集を組んでいる。ただし、「モテ」という言葉が使われるのは当該特集時くらいであり「モテ」概念の使用頻度が高いとは言えない。1990年代になると『MORE』（集英社、1977-）や『with』（講談社、1981-）においても「モテ」概念が用いられている。「『モテる女』と『幸せになる女』は違うらしい」（『with』1990年11月号）、「モテるのはただの美人よりいい顔の女」（『with』1999年9月号）のように、「女」のカテゴリー（「幸せな女」、「美人」、「きれい顔」など）の一つとしてモテが用いられていることが確認できる。

ーゲットとして創刊された。それまでの主婦向け雑誌は、芸能、皇室、セックスに節約法や献立などを主要記事としていたが、それらとは趣の異なるオシャレな主婦向けファッション誌として成功した。

日本の雇用機会均等法（制定1985年、施行1986年）から10年経った1990年代半ば、自己選択としての専業主婦にプライドを持ち、これこそが「女性の幸せ」だという自己呈示を可能にしたのが、『VERY』などのオシャレな主婦向けファッション誌だった（小倉［2003］2007、石崎 2004）。『VERY』を分析した小倉は、次のように述べている。「かつて、『男は仕事・女は家庭』という性別役割分業に反対して『男は仕事・女は仕事と家庭』という新・性別役割分業が謳われた時代があった。古典的婦人解放論とも呼ばれるこのスローガンのおかげでひどい目にあった女性は少なくない。女性には仕事と家事という二重役割があてがわれながら、夫はなんの家事参加もしなかったからである。共働きだからといって、夫が家事を半分やるわけでもないなら、妻は外に働きに出る分だけ負担が増え、疲れるだけである。この新・性別役割分業をやってきた可哀想な母親を見て育った娘たちは、母の轍は踏まなかった。日本では、娘たちは『新しい女の生き方』は選ばなかったのである。男が外で働き、女は扶養されることの「特権」を存分に享受する方向に向かったのだ。経済は夫に責任を持ってもらい、自分は趣味を兼ねた仕事をする。いわゆる『夫は仕事と家事・妻は家事と趣味的仕事』という新・新・性別役割分業に向かっているのである。私はこういう志向を『新・専業主婦志向』と名づける。日本的な、あまりに日本的な結婚の進化である」（小倉［2003］2007：40）。専業主婦向けファッション誌ブームは、結婚生活内の性別役割分業を称揚する社会的潮流を示すものと言うことができる。

それに対して、『Ｃａｎ Ｃａｍ』の「めちゃ♥モテ」ブームは恋愛の場での性別役割を重視する風潮の可視化である。

2. 女性ファッション誌とフェミニズム

英語圏では、ポップカルチャーにおいて「フェミニズム」や、フェミニズムに由来する「エンパワーメント」などの語が多く使われているのに対して、日本の若い女性向けポップカルチャーでは、基本的に「フェミニズム」という語も「アンチフェミニズム」という語も、慎重に避けられてきた。日本で発行されている10代、20代向け女性ファッション誌において、海外を版元とするファッション誌（『ＶＯＧＵＥ』『ＥＬＬＥ』『Ｍａｒｉｅ Ｃｌａｉｒｅ』など）を除くと、「フェミニズム」という語を含む記事は登場しない（大宅壮一文庫雑誌記事索引検索データベース（Web OYA-bunko）に基づく）。そのため、日本の若い女性のフェミニズムに対する態度変化の測定という課題のために、ファッション誌における「フェミニズム」という語の出現頻度や、「フェミニズム」という語の用法の経年変化をみるという方法を取ることができない。この事情は２０００年代の『Ｃａｎ Ｃａｍ』にも当てはまる。

したがって「めちゃ♥モテ」ブームとフェミニズムとの直接的な関係を誌面分析から捉えることはできないが、「めちゃ♥モテ」を時代的な流行現象へと押し上げた女性たちが、どのような「女らしさ」を理想としていたのかについては、読み取ることができる。

3. 「めちゃ♥モテ」ブームの形成

「めちゃ♥モテ」の登場

『CanCam』における「モテ」の表記の変遷を見ていこう。2001年から、『CanCam』では「めちゃモテ」「モテ×2」という表記が使われはじめている。だが、この段階ではメイク法やヘアスタイルといった部分的な技法の紹介のさいに、「異性が好むメイクやヘアスタイル」として用いられるコピーにすぎなかった。

ファッション・スタイル全体を指して「モテ」と表現されるようになったのは、蛯原友里が単独表紙デビューした2003年12月号（「2003冬『めちゃモテ♡デートスタイル完全バイブル』」）からだ。ここでは、まだ「めちゃ♥モテ」の表記は見られず、「めちゃモテ♡」となっているが、この号ではじめて『CanCam』の表紙に、大きな「モテ」の字が登場した。

黒塗りのハートマークが「めちゃ」と「モテ」の間に入る「めちゃ♥モテ」表記が登場したのは2004年4月号で、これは、蛯原を「エビちゃん」と呼び始めるのと同時だ（「めちゃ♥モテ『おしゃれOL春デビュー』10大News!」）。そして、その後およそ4年間「めちゃ♥モテ」というコピーが使われ続けた。

『CanCam』は、「めちゃ♥モテ」というコピーを使うことで発行部数を伸ばしていった［★3］。表紙に「モテ」の語がある月の数［図5-1］［★4］と、発行部数の推移［図5-2］は連動している。『CanCam』は長らく、赤文字系ファッション誌界の二番手に甘んじてきた。だが、2003年から

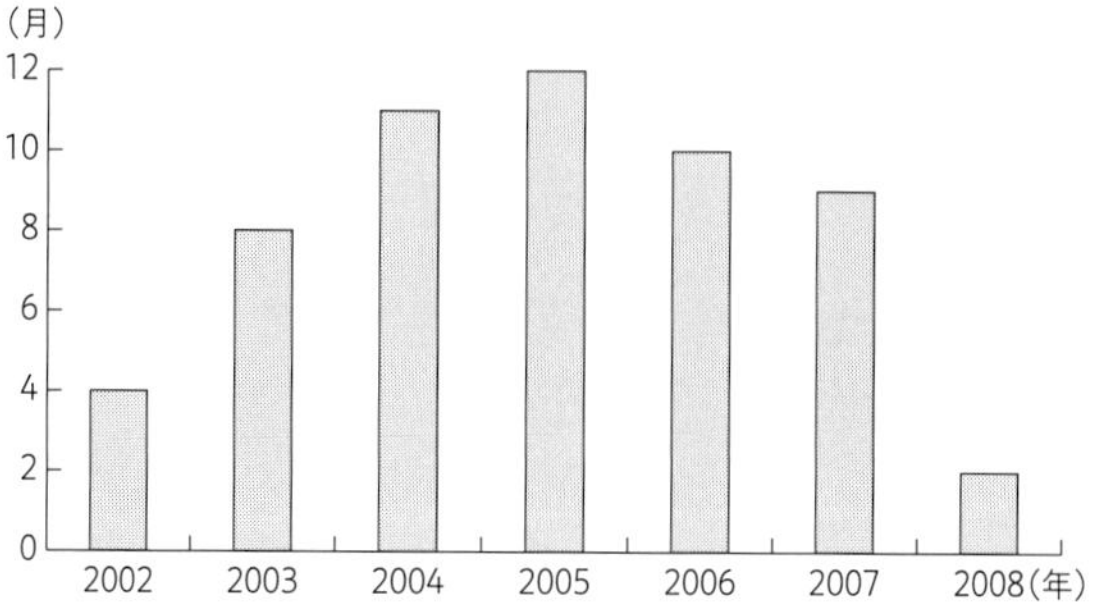

図5－1　「モテ」の語が『Can Cam』の表紙にある月の数（月刊号のみ集計）

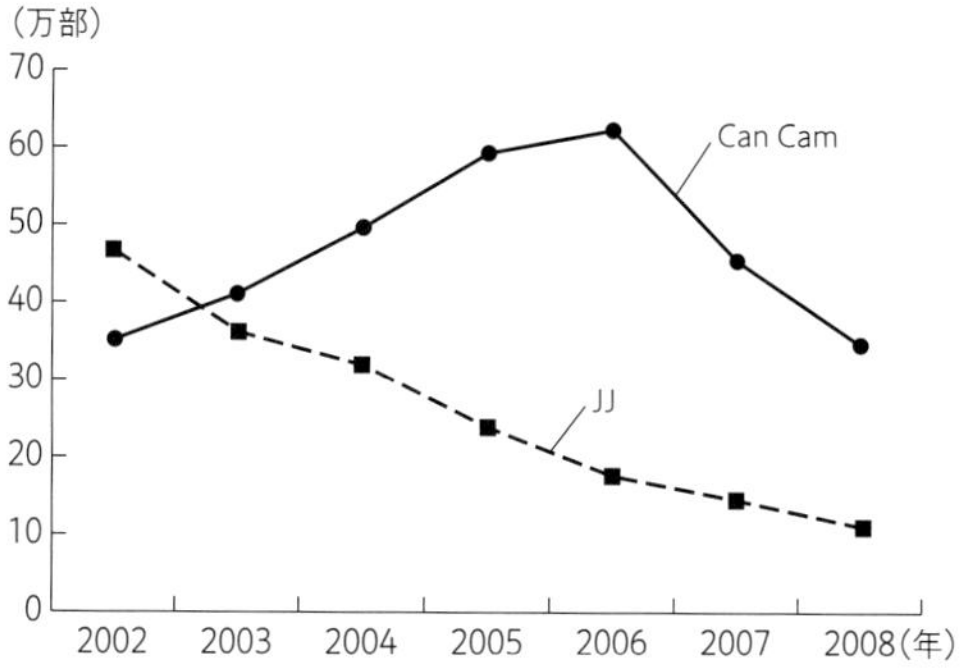

図5－2　発行部数の推移（日本 ABC 部数）

★3　「2005年出版指標年表」（2005：180）による。

★4　国立国会図書館雑誌記事索引、大宅壮一文庫雑誌記事索引検索データベース、都立マガジンバンクデータベースいずれも、『Can Cam』の「モテ」「めちゃ♥モテ」の記事を網羅していない。そこで、表紙に「モテ」の語がある月の数をカウントした。

顕著に売り上げを伸ばし、『JJ』を追い越してトップに躍り出たあと、2006年に、推定発行部数62万部[★5]という「モンスター雑誌」になった。

「エビちゃん」というアイコンの成功

『CanCam』の専属看板モデルはそれまで平均して3年間サイクルであったが、めちゃモテブームの時期に看板となった蛯原友里、山田優、押切もえの三大モデルはおよそ5年間在籍した。「出版指標年表」の分析によれば、この時期の『CanCam』の成功要因は、「めちゃ♥モテ」というキャッチコピーと『CanCam』三大専属モデルのタレント化にあると分析している。とくに、「〝エビちゃん〟こと蛯原友里はメディア露出効果によってOL層を中心に絶大な人気を獲得、『2006年WEEKLYエビちゃんカレンダー』(小学館)もカレンダーとしては異例の重版を行う大ヒットとなっている。女性誌はモデル人気で売れ行きが変わるが、ここまで顕著となった例はない」(「全国出版協会出版科学研究所 2006:164) と分析している。「めちゃ♥モテ」のアイコンとなった蛯原は、『CanCam』誌を越えて、若い女性からの絶大な人気を集め、ファッション誌界を越えてCMやドラマで活躍し、「エビ売れ」などの社会現象を起こすカリスマモデルとなった。

2008年3月になると、表紙に「めちゃ♥モテ」ではない「モテ」概念の使い方(「WE LOVE『モテ♥カジ〜ちょいカジュアル〜』宣言」と「モテ♥カワ春メーク講座」)が登場する。しかし、これらのコピーはどちらも定着せず、その後「TOKYO KAWAII」「TOKYOエレガンス」等の新しいコピーが登場し、２００８年12月に蛯原が『ＣａｎＣａｍ』を卒業した。

そこで、本章は「めちゃ♥モテ」のアイコンとなった蛯原が活躍する２００３年12月号から彼女が「卒業」する２００８年12月号までの『ＣａｎＣａｍ』を分析対象とする。

読者層

２０００年代の『ＣａｎＣａｍ』は、ターゲット（読者層）を「大学生」から「ＯＬ１〜３年生の女性」としていた。２００３年当時の女性の平均初婚年齢が27・6歳であることを踏まえると［★6］、『ＣａｎＣａｍ』読者の多くは「結婚かキャリアか」というライフコース選択をする以前の女性たちであったと言える。

例えば、誌面には、エビちゃん演じるキャラクターの肩書に「２年目派遣受付ＯＬ」［★7］といった表記が見られる。『ＣａｎＣａｍ』読者の多くは、１９９０年代末からの非正規雇用の増大や労働

★5　「２００６出版指標年報」による。全国出版協会出版科学研究所ＨＰにある「女性ファッション誌とモデルの関係（2000's〜）」（２００７年3月12日）http://www.ajpea.or.jp/column/data/20070312.html（２０１６年11月13日閲覧）では発行部数80万部と記載されている。
★6　厚生労働省「平成15年人口動態統計月報年計（概数）の概況」http://www.mhlw.go.jp/toukei/saikin/hw/jinkou/geppo/nengai03/index.html（２０１７年7月7日閲覧）。
★7　「激モテ♡アイドルＯＬ春デビューメーク塾」において、「エビちゃん」は「2年目派遣受付ＯＬ」の役を割り振られており「ハッピーがあふれるピンクメークで社内のお嫁さん候補ナンバー1♡」というコピーがついている（『ＣａｎＣａｍ』２００５年4月号）。

環境の悪化という社会的変化の影響を受け、キャリア展望が見えにくい中で、将来的には結婚し家庭を持って子育てをしたい（自分の仕事をどうするかはその時考える）という女性たちだったと推論できる。以下、「めちゃ♥モテ」期の『CanCam』読者の女性のことを指す場合には、「めちゃモテ女性」と省略形で記載する。

3 「かわいい」から「モテる」というロジックと「女らしさ」の再編成——分析1

1.「お嬢様」アイデンティティと「モテたい」願望表明とのズレ

日本の全面ビジュアル女性向けファッション誌の歴史は、1970年の『anan』の創刊から始まるが、1975年の『JJ』（光文社）の登場以降、赤文字系ファッション誌という固有の文化圏が形成されてきた。

『JJ』は、大学・短期大学進学率が30％を超えた時期に［★8］女子大学生をメインターゲットとし、キャンパスで何を着るべきかの指南書として成功を収めた。「学歴で培った『お嬢様』テイスト」というのがファッションの特徴であり、「幸せな結婚、『玉の輿』という『女の人生すごろく』のあがりを目指」（米澤 2010：28）す女性たちによって支持された。『JJ』は現役女子大生を誌面に出したり読者モデルとして起用したりしながら「お嬢様」のキャンパスライフをきらびやかに見せた。

『ＪＪ』の成功を受けて、その後、各出版社から同様のテイストを持つ『ＣａｎＣａｍ』（小学館、1982–）『ＶｉＶｉ』（講談社、1983–）『Ｒａｙ』（主婦の友社、1988–）が創刊された。これら計4誌が「赤文字系ファッション誌」と呼ばれる（『ＰＩＮＫＹ』（集英社、2004–2010）を含めた5誌を指すこともある）。２０００年代の『ＶｉＶｉ』はギャル系になっていくなどの変化はあるが、赤文字系ファッション誌は良家の子女というアイデンティティを持つ読者向けのコンサバティブ（保守的）なファッションを基調としてきた。コンサバティブファッションとは、男性や周囲の大人たちが好むファッションを指す［★9］。

「お嬢様」とは「階級」社会を前提にすることで意味を持つアイデンティティであるがゆえに、つねにランク付けが伴っている。『ＪＪ』は、「お嬢様」界でも最上位の神戸・芦屋や東京・山の手生まれであることを強調する「正統派お嬢様」を模範としたが、『ＣａｎＣａｍ』は「門戸を無名女子大生や看護学校生などにも開き、もう少し庶民的な路線を打ち出した」（米澤 2010：59）。

★8　文部科学省「学校基本調査」「年次統計」http://www.e-stat.go.jp/SG1/estat/List.do?bid=000001015843&cycode=0（２０１７年７月７日閲覧）によると、大学・短期大学への女子進学率は１９７５年に30％を超えている。２００３年の大学・短期大学への女子進学率は48・3％で、２００６年に初めて50％を越えている（文部科学省「平成29年度学校基本調査・年次統計」）。

★9　それに対して、自分が着たいものを追求するファッション誌として、『Ｏｌｉｖｅ』（1982–2003、平凡出版→マガジンハウス）などを中心とする「赤文字系」以外のファッション誌があり、これらは２０００年代に、「青文字系」と呼称されるようになった。これまでのファッション誌研究では、ファッション誌選択とライフコース選択に関連性があるということが前提とされてきた（小倉［2003］2007：60–62、米澤 2010：29–32）。

ただし、「庶民的」とはいえ「お嬢様」という自己呈示を維持するためには、「上品さ」を損なうわけにはいかない[★10]。「上品さ」規範は、女性たちに対して、金銭に対する貪欲でない態度や、性的なものに対する慎ましさを要求する。そのため、「お金持ちと結婚するための」という言い方や、セクシーさを「売り」にするふるまいは、禁じ手になってくる。異性にちやほやされたいという欲望を言い表す「モテ」という語を用いることは、「お嬢様」という自己呈示を基本とする赤文字系ファッション誌において、実は大きな葛藤を伴うものだった。

実際、赤文字系ファッション誌の本家『JJ』は、二番手『CanCam』が「モテ」というコピーで売り上げを伸ばしていた時期、『CanCam』に対するあからさまな当てこすりを言っている。『JJ』(2007年1月号)では、「令嬢BLACKをマスターしたら、次のSTEPは、『モテ』じゃない白、『老け』じゃない茶」というように、「モテ」が「老け」同様の悪い意味で用いられていることが確認できる。「フォックスファー」に対する「フェイクファー」、「厚手ツイード」に対する「ひらひらツイード」といったアイテムを「これじゃ『モテ』の白」として挙げ、「モテ」とは異なる「令嬢」ファッションを細かく説明している(2007年1月号、p. 126)。

また、『JJ』(2006年12月号)の「いまキーワードは『上品』『本質』『大人』……そう、『お嬢さん化現象』が止まらないんです」(2006年12月号、pp. 42-43)特集内では、「そんなムードなのに、あなたはまだ『モテ服』ですか?」、「モテないコが着られる服だから『モテ服』っていうんです(笑)」(2006年12月号、p. 44)、文脈を踏まえるとここでの「(笑)」は嘲笑と解釈できる)とある。ここでは、

「お嬢さん」的上品さという価値の対義語が「モテ」になっていることが確認できる。

　このように、「モテ」を狙った装いやふるまいをすることを否定的に捉えるまなざしはたしかに成立していた。しかし、結果的に『ＣａｎＣａｍ』の言う「モテ」の方が若い女性たちによって支持されたのである。いまでは、コンサバ系ファッションに身を包んだ未婚の女性たちが「モテ」るためのメイク、ヘア、ファッションと臆面もなく言えるようになっており、「モテたい」と言うことと「女らしさ」との間のジレンマは小さくなっている。ここには「女らしさ」の変化がある［★11］。

★10　「庶民的」な「お嬢様」は語義矛盾であり、２０００年代に頻繁に用いられていた「お嬢様」イメージの細かな違いを物語るものと言える。

★11　女らしさという観点で興味深いのは、結婚願望の強い読者をターゲットとする赤文字系ファッション誌と、キャリア継続の意識を持つ女性も読者層に含む働く未婚女性向けファッション誌（『ｗｉｔｈ』『ＭＯＲＥ』など）では、「モテ」の後に同様のコピーとして流行した「愛され」というコピーの使い方が異なるということだ。

　赤文字系では、「愛され」の語が表紙に大きく掲載された（ちなみに『ＪＪ』は「モテ」の語を拒否したのと同様に、「愛され」というコピーでも２０００年代から２０１０年代にかけて一度しか使用しなかった）のに対して、働く未婚女性向けファッション誌の表紙には「愛され」の語が書かれず、ページを開いた中の特集ページにおいてのみ使われている。例えば、『ｗｉｔｈ』２０１０年２月号の特集は「ゆるふわニット×最旬ブーツですぐに愛されスタイル」であるが、当該号の表紙には「女のコの必殺おしゃれセット　ゆるふわニット×最旬ブーツ」と書かれており、表紙では「愛され」の代わりに「女のコの必殺オシャレセット」が用いられている。

　ここから、キャリア系ファッション誌の読者は、「愛され」戦略をとっていることを他人に知られたくないと思っており「愛され」キャラとしての自己呈示をしているわけではないと推論することができる。赤文字系ファッション誌において「めちゃ♥モテ」以降、「モテ」、「愛され」を公言するという女らしさが確立したが、キャリアを重視する女性においては、「モテ」や「愛され」を言うことへの躊躇や葛藤があるというように、同世代の「女らしさ」の中にも、違いがあるのかもしれない。

では、『Ｃａｎ Ｃａｍ』は、「上品」な「お嬢様」というアイデンティティに由来するジェンダー規範（「女らしさ」）と、異性にちやほやされたい欲望を言い表す「モテ」という言葉を用いることとを、どのように両立させていったのだろうか。

2.「モテ＝かわいい」という論理の確立

『Ｃａｎ Ｃａｍ』におけるモテファッションとは、次のようなものを指す。基本のスタイルは、シンプルで柔らかなシルエットのファッションに、「キラキラ」や「ふわふわ」要素をバッグやアクセサリーで華やかさを加えるもので、着こなしのコツは「きちんと感」と「女のコらしさ」（２００６年５月号）とされている。無難すぎず個性的すぎないバランスが目指されているところのものと言える。ファッションにアクセントを加えるアイテムとしては、ツイードのコートやアンサンブルニットなどの、上品さを演出するものに加え、「ふんわりシルエット」のスカート、「とにかくフリル＆レース」、「指し色にコーラルピンク」「リボンディテール」（２００５年４月号、p. 54）などの女の子らしいかわいらしさを強調するものとなっている。

ここから、「モテる」ファッションとは女の子らしい「かわいい」ファッションを指していることがわかる。『Ｃａｎ Ｃａｍ』は、モテるとは「かわいい」という意味であり、「かわいい」から「モテる」のだという論理を確立することで、上品さとモテの両立を可能にしている。

『Ｃａｎ Ｃａｍ』において「モテたい」は、「かわいい存在になりたい」という意味であり、「モテ」を言えば言うほど『ＣａｎＣａｍ』においては「かわいさ」が強調されていく。そもそも、「めちゃ♥モテ」という表記法自体が、かわいさを演出するものだ。こうして「かわいい」という価値を中心にして「女らしさ」が再編成されていくことになる。

モテ行動に関する指南のなさ

『ＣａｎＣａｍ』はこれほど、「モテ」と繰り返しているにもかかわらず、恋愛行動を指南する記事はほとんどない。雑誌内では、もっぱら「モテファッション」「モテヘア」「モテメイク」の三大トピックスが扱われ、各シーズンに流行りのファッション、メアスタイル、メイク等の紹介のさいに、「めちゃ♥モテ」というコピーが付いているだけだ。あたかも、女性はかわいく装って待っていればモテるのだ（逆に言えば、それ以外にモテるための方法はない）と言わんばかりである。

ここから、読者は、「モテ」の語が連発される『ＣａｎＣａｍ』を、恋愛行動マニュアルとして購読していたわけではないということがわかる。クリスマス、デート、飲み会、プール、バーベキュー、花火大会などの都会生活の中でやってくる季節ごとのイベントの場で、何を着れば「めちゃ♥モテ」になれるのかを知るために『ＣａｎＣａｍ』をめくっていた。『ＣａｎＣａｍ』の言う「モテ」は、自分の身体の性的魅力を上げることだけを意味している。

3．セクシーさへのアンビバレントな態度

『ＣａｎＣａｍ』は「めちゃ♥モテ」のコピーで性的魅力の向上を煽っていたにもかかわらず、具体的な異性愛男性の性的欲望についての言及は全くもって見あたらず、『ＣａｎＣａｍ』読者である女性たちの性的欲望についての言及も見あたらない。

『ＣａｎＣａｍ』が提案するファッションは、セクシーである。例えば、「男のコが好きな冬の本命デートスタイル発表！」（２００６年12月号）で「発表」されている「王道ｓｔｙｌｅ１」は「肌見せニット×タフタオードリースカート」（ここでの「肌見せニット」とはノースリーブニットのこと）、「王道ｓｔｙｌｅ２」は「ミニスカート×エアリーニット」と、真冬なのにノースリーブニットやミニスカートが「王道」とされている（２００６年12月号、p. 36）。また、「上品」アイテムの一つであるアンサンブルニットは、そのままではなくインナーをレースのキャミソールに変えてレース部分をカーディガンから「チラ見」させたり、ベアトップに変えたりするよう『ＣａｎＣａｍ』はアドバイスしている（「今、絶対『ニットは×ベアトップ』で着よう！」「肌見せニット……去年は「肩見せ」、今年はだんぜんっ「胸元見せ」！」（２００４年４月号、pp. 26–27））。

『ＣａｎＣａｍ』はその服装だけを見ると明らかにセクシーなスタイルを提唱しているが、「肌見せ」や「ミニスカート×ブーツ」を今年の「流行」であると紹介し、それが「めちゃ♥モテ」な「かわいさ」なのだとしている。

4 誰も脅かさない「かわいい」世界の構築——分析2

1．「エビちゃんシアターDOUBLE FANTASY」の概要

次に、モテが『ＣａｎＣａｍ』の中でどのようなものとして扱われ意味づけられているのかを明らかにするため、『ＣａｎＣａｍ』内で連載された「エビちゃんシアターSPECIAL版DOUBLE FANTASY」（２００５年２月〜２００６年４月、２００６年６月号増刊〔★12〕）の分析をしてみたい。これは、蛯原が演じる「ユリ」を主人公とした、写真をマンガ仕立てに組んで語られる恋物語である。「王子様」のような存在が登場するストーリー展開や、とじ込み別冊になっている写真のノスタルジックな質感などから、「エビちゃんシアター」は『ＣａｎＣａｍ』読者のファンタジーを濃縮したものということができる。それぞれの場面でユリが着ている服のブランドと価格情報が枠外に掲載されている。

「エビちゃんシアターDOUBLE FANTASY」のストーリーは次のように始まる。休日らしいある日、東京都内でOLをしているユリは大学時代からの恋人であるケンとデートをしている。

★12　２００５年２月から同タイトルの企画が始まっているが、２、３月号ではファッションコーディネートを見せるページに組み込まれたものでしかなく、具体的な物語が展開され始めるのは２００５年４月号からである。全13話をまとめたものが２００６年６月増刊号として刊行されている。ここでは、２００６年６月増刊号に基づいて論じる。

だが、ユリがある商品のかわいさに心動かされ、ケンに共感を求めるも、ケンは熱意のない反応をし、「ユリの趣味ってビミョーだよね」（2006年6月号、p.8）と発言。ユリはケンとの間に心の隙間を感じ、女友だちにそのことを嘆き、慰めてもらう。

その後、ユリの「かわいい♥」という感性を大変よく理解してくれるイケメン金持ち業界人の清水さんが現れ、ユリの心は学生時代からの恋人か、それとも積極的なアプローチをしてくる清水さんかの間で揺れる。ユリの心が、清水さんの方へ流れる決定的なシーンは次の場面だ。清水さんは、パステルカラーの風船が部屋いっぱいにあふれている「パーティ・スペース」（清水さんは業界人らしく、なんらかの「イベント」をしていたという設定である。ちなみにその直前にはユリとのデートのために映画館を貸し切っている）にユリを呼び出し、風船の後片付けを手伝ってほしいと言う。具体的には、風船を一つずつ割って、部屋を片付けるという作業だ。ユリはせっせと手伝い、最後に残った「ピンク色」の風船を割る。すると中から、プレゼントのリングが現れる。清水さんからユリへのプロポーズのためのプレゼントだ。「どうして最後にコレを割るってわかったんですか?」と目を潤ませて喜ぶユリに、清水さんは、「ユリは大好きなものをいちばん最後に残しておくから……。好きでしょ、ピンク」と決め台詞を吐く。清水さんの当該発言は露骨なジェンダーステレオタイプであるが、ユリのモノローグは「そのときわたしはそんなトコまで見ててくれたんだ……って思いました」となっており感銘を受けていることが読み取れる。めちゃモテ女性の心を動かす男性は、イケメンで仕事ができて金持ちで、かつ女性の「かわいい」という感性を尊重してくれる男性であるということがわかる。

また、「エビちゃんシアター」では、ユリがケンではなく清水さんに心を寄せ始めると、女友だちの一人であるナオコが、ユリの元カレであるケンに接近。ケンを取られそうになるという展開でのユリの葛藤が見どころとなる。ケンはユリに心残りがあるそぶりを見せたり、ケンとユリの偶然の再会があったりしながらストーリーが展開されていく。ここから、副題の「ダブルファンタジー」とは、清水さんかケンかという並行する二つの恋愛物語を指していることがわかる。お金持ちのオトナである清水さんからも、同級生で一緒に思い出を築き上げてきたケンからも、結婚を視野に入れた特別な特別な感情を寄せられるという状態が「モテ」ということなのだ。

最終的に、清水さんは、結婚したら女性は会社を辞めることが当然という態度をとったり[★13]、ユリの都合を考えずに外国に新居を持とうとしたり、他の複数の女性との関係があったことが明らかになったりと、さんざんな「悪人」であることが判明し、ユリはケンと結婚することを決意、最後は結婚式で幕を閉じる。

★13 清水さん:「っていうか、出した?」
ユリ:「えっ?」
清水:「退職届だよ」(2006年6月号、p. 179)
このやりとりも含む一連の流れの中で、ユリは清水さんへの疑念を募らせていくという展開になっていることから、めちゃモテ期の『CanCam』においても、男性によって女性が当然のように仕事を辞めさせられることについては、一定の不満や懐疑の感覚があることがわかる。最終的には仕事をやめてもいいと思ってはいても、男性によって当然のものとして辞めさせられるのではなく、女性の自己決定による退職というプロセスを重視しているのだと考えられる。

2.「モテ」を通した新しい性別役割の形成

以上のような「エビちゃんシアター」からは、「モテ」な状態における女性友人や恋愛対象男性とのコミュニケーションの中で、新たな性別役割期待が形成されているさまを見て取ることができる。

第一に、『CanCam』においては、「かわいい」ものに接したとき、女性ならば無条件にその「かわいさ」を理解でき、共感できると想定されている。「かわいい」を理解しないケンのことを相談する相手は女友だちであり、女友だちはユリへの共感を示して慰めてくれる。女性同士であれば、「かわいい」世界にともに浸り、交歓し、それによって絆を確認しあうことができることが前提になっている。

第二に、女性の「かわいい」という感性を理解してくれる男性は理想的（清水さん）ではあるが、しかし、男性が「かわいい」を理解できなくても、彼の人格的価値は損なわれず彼との関係を解消する決定的要因にはならないという論理があることがわかる。ユリが最終的に結婚した相手はケンだった。

ここから、「モテる」とは「かわいい」ということだという論理を確立した『CanCam』では、「かわいい」を通して、男性と女性に対する異なる役割期待が形成されていることがわかる。女性とは「かわいい」を理解できる存在のことであり、女性同士であれば無条件に「かわいさ」を理解し共感しあえる。それに対して、男性は、女性が心を動かされる「かわいい」を理解できなくても仕方のない存在であるということが前提されている。

「かわいい」という感情を通して、男女への非対称性な期待構造が作られており、かわいいものを理解できる感性を女性たちに要求するという、新しい女性役割期待が見られる。

3. 「かわいい」を通した性別役割を構築することの利点・機能

「かわいいものを理解できる女の子らしさ」という性別役割を新たに作り出すことで、男性に対する「かわいい」領域での優位性を保ちながら、男性と良好な関係を築くことができると言うことができる。

性別役割に基づき、女同士で「かわいい」の価値世界を構築することによって、女性の方が「かわいい」ものに対する鋭い感性を持ち、また女性の方が男性よりも「かわいい」に近い存在であるため「かわいい」という価値基準においては、男性よりも女性の方が上位に立てるようになる。ただし、「かわいい」という価値における女性の優位性は、男性に脅威を与えるものではない。それゆえ、男性にとって無害な「かわいさ」という価値に没頭して、一喜一憂する女性は、その存在そのものとして、男性にとっても「かわいい」ものとなる。「かわいい」に基づいた性別役割の非対称性を構築することで、異性からの「モテ」は完成するのだ。

また、女性は「かわいい」を理解できるものという性別役割を互いに期待しあうことで、モテの追求による同性間の絆の亀裂[★14]を修復することも可能になる。「モテ」を「かわいい」に変換し、女性同士で、かわいい世界を構築し、その価値観を確固たるものとしておくことで、異性を意識した

「モテファッション」でありながら、同時にそのファッションは異性のためではなく「女の子」的な「かわいい」の表現であるというメッセージを発することができる。また女性だからこそわかる「かわいさ」という価値観を打ち立てておくことで、「本当にモテるのはこういう服装」という上から目線の男性の声を部分的にシャットアウトすることが可能になる。

「かわいい」を通した性別役割の構築はこのような多面的機能を有している。

5 「モテ」という恋愛積極的態度が生み出すもの――考察

1．恋愛を通した性別役割の再生産

育ちの良い「お嬢様」らしさをアイデンティティとする赤文字系ファッション誌『ＣａｎＣａｍ』は、「モテる」とは「かわいい」ということだという論理を確立した。「めちゃ♥モテ」は、かわいく「モテたい」と言う作法を作り出したことで、女性たちの絶大な支持を集めるブームになった。

ここでは、モテを目指して性的魅力に磨きをかけ、かわいい存在になることを目指すコミュニケーションの中で、女性であれば無条件に「女らしいかわいらしさ」を理解できるはずだという、新たな女性役割期待が形成されている。男性には、そもそも「かわいい」を理解する感性は期待されておらず、結婚や恋愛の対象となる男性に求められているのは、稼得能力と彼女のことを尊重してくれる人

表5－1　めちゃモテ女性が備える，3つのポストフェミニストの特徴

(1)	経済的自立の獲得
(2)	性的自由の獲得と恋愛結婚というロマンスの重視
(3)	フェミニズムに対する無関心もしくは反感

柄だ。

モテを目指す女性たちの恋愛積極的な態度を通して、新たに、かわいいものを理解できる女らしさと、理解できなくてもかまわない男らしさというジェンダー非対称性が作り出されている。この事態は、第3章で明らかにしたフェミニストの懸念が、まさに実現してしまっている例としてみることができるだろう。フェミニストの懸念とは、恋愛積極的態度が、「性的差異の強化」（菊地 2019）を引き起こし、性別役割から強化されるのではないかというものだった。『Ｃａｎ Ｃａｍ』では、まさに恋愛積極的態度によって、「女らしさ／男らしさ」は新たな意味を付与され、生き生きと蘇っている。

★14　女同士の競争関係という点に関して興味深いと思われるのは、ファッション誌では、頻繁に「戦い」を連想させる語が、コピーとして使われることである。例えば、『Ｃａｎ Ｃａｍ』では２００４年４月号「新キレイ系優ＯＬ（山田優）vs 新かわいい系エビちゃんＯＬ（蛯原友里）」に見られるように、「vs」、「バトル」、「勝負服」、「勝ち組」といった語が多用されている。この特集は、「キレイ系」ファッションコーディネートと、「かわいい系」ファッションコーディネートという類型を示すためのものであるが、そのさいに、「vs」と表記されどちらがより魅力的かをめぐって「争われて」いるかのように表現されている。おそらく、「戦い」「勝ち負け」が緊張感をもたらし気分を上げるものとして働いているのだろうと推測される。

2．ポストフェミニストとしてのめちゃモテ女性

以上のようなめちゃモテに見られる恋愛積極的態度は、必ずしも、性別役割分業（「男は外で働き、女は家を守るべきだ」）などの「伝統的」な男性役割／女性役割を引き受けることに意義を見出すものではない。したがって、『めちゃ♥モテ」に邁進する女性たちを「保守女性」と呼ぶのは不適当だろう。あくまでも自分の幸せな恋愛結婚や結婚後の家庭生活のために、女性役割が肯定的に捉えられ、引き受けられている。

ここには、『ブリジット・ジョーンズの日記』にも見られたポストフェミニストの三つの特徴が確認できる。すなわち、⑴「エビちゃんシアター」の主人公ユリは東京に住むＯＬで、経済的自立を獲得している。⑵恋愛結婚というロマンスが重視されている。⑶文化的・社会的潮流として、フェミニズムに対する激しいバックラッシュが起こっていたこの時期に、フェミニズムから慎重に距離をとり、フェミニズムに対する無関心的態度を貫いている。

以上より「めちゃ♥モテ」ブームは日本のポストフェミニズム的社会現象の一つであると捉えられる。

6　日本のポストフェミニズム的社会現象としての「めちゃ♥モテ」ブーム
──第5章のまとめ

「お嬢様」らしさをアイデンティティとする赤文字系ファッション誌『ＣａｎＣａｍ』は蛯原をアイコンとしながら「モテる」とは「かわいい」ということを意味するというロジックを確立した。『ＣａｎＣａｍ』における「モテ」は、自分や他人の性的欲望や性的まなざしを顕在化させずに、セクシーなファッションも現在の「流行」として着こなす態度を伴っている。これによって女性たちは「上品さ」や「ワンランク上の女性」という自己呈示を保ちつつ結婚のための恋愛活動に邁進できるようになった。

「モテ」という言葉を流行語とし、性的魅力の高さを価値化するコミュニケーションの中で、かわいいものを理解できる「女らしさ」と、それを理解できない「男性」という新たな性別役割が作り出されている。ここでは、社会的義務や規範としての「男らしさ／女らしさ」が個人に押し付けられる形で内面化されているわけではない。他人から好かれたり、ちやほやされたりする状態になりたいという欲望とそのための努力によって、既存の「女らしさ」が積極的に学習され、新しい「女らしさ」が引き受けられている。恋愛や性を念頭に置いた「女らしさ」の強化が、性的差異や性別役割を存続させているというメカニズムが見られる。

コラムⅡ　「モテ」と女らしさと外見美
「モテ」が生み出す力学

モテが生み出す自己高揚と自己評価の低下

第5章では、「めちゃ♥モテブーム」について見てきた。そもそもなぜ女性たちは「モテ」を目指すのだろうか。

第一に、「モテ」を目指して「女」に磨きをかければかけるほど、気分が上がるからという理由を挙げることができる。たしかに、美しくなることは、それ自体、楽しい。さらに、美しくなるための努力をした結果、実際に自分が美しくなったと実感できることは、自己効力感を高めるのに役立つ。「自分はやればできる」という気持ちを養うことで自信を持ちやすくなる。

だが、これらだけが、「モテ」への努力を後押ししているとは言えない。第二に自分の性的魅力が高ければ、自分にぴったりの配偶者という「選択肢」を確保できるだろうというロジックが現代社会では成り立っているがゆえに、女性たちは「モテ」に邁進するのだと考えられる。

しかし、「モテ」を目指して進む道には、さまざまなトラップ（罠や落とし穴）がある。モテへの努力は、不全感と自己への懐疑、そして自己評価の低下さえも、もたらすのだ。そのメカニズムは次の通り。

一つ目のトラップ。「モテ」とは、不特定多数の人から魅力的だと思われ、特別な好意感情を向けられることを指す。したがって、「モテ」を目指すことは、多くの人が魅力的だと思うであろうステレオタイプな「男らしさ／女らしさ」を身につける作業となる。

だが、「モテ」を意識した服装やふるまいをしてステレオタイプ化を進めれば進めるほど「私」という個人そのものに魅力を感じてもらえているのか、それとも「女」という記号が認められているだけなのかという疑念が浮上してくる。「本来の私／女という記号を身につけた私」という二元論が自己意識の上で先鋭化してくる。

「モテ」への努力をしたことで、「本来の私／女という記号」という区別できないものを区別しようとする意識上の運動が発生する。たとえモテたとしても、本来の自分がちやほやされているのではなく、「女」という記号性を身につけた私がもてはやされているだけだという乖離的な気分は自己評価の低下を引き起こす。身に着けたり外したりできる便利なアイテムのように思えていた「モテ」という記号は、気づかぬうちに、本人が思う以上に、「私」に浸食している。

「自己目的的なモテ」とその成立しがたさ

二つ目のトラップ。モテを目指すことで、コントロール不可能な他者という存在との関係に投げ込まれることになる。なぜなら、モテとは、自分がコントロールできない相手の「好意」や「感情的評価」の地平に、自分を評価される客体として投げ込むことだからだ。

他者の好意を得たいと思い、「モテ」への努力をする。その努力を通して、相手を少しだけコントロールできている（恋愛の駆け引きができている）という自己効力感や世界に対する制御感を持てるかもしれない。だが、同時に気づかされるのは、相手の感情を完全にコントロールすることはできないということだ。自分が完全にはコントロールできないものとしての他者なるものが存在しており、その他者の判断によって自分の「女としての価値」が決まることに気付く。

だからこそ、女性たちは、自己目的的に「モテ＝かわいくなること」を追求するという態度を強めるのだろう。『ＣａｎＣａｍ』において異性ウケを目指すものであったはずの「モテ」が、いつのまにか女性たちの自己目的的な目標（異性のためのモテではなく、自分の気分を上げるための「めちゃ♥モテ」）となり、女性たちだけの「かわいい」世界を作り出すに至ったのは、このあたりに理由がある。

「自分のためにきれいになる（自分に自信を持てるようになるために、女磨きをする）」という目標は、他者が介入しないがゆえに、裏切られるリスクを最小限にすることができる。しかも、この目標のために努力し続けることで、副作用として、モテるようになり、幸せな結婚生活を実現できるかもしれないのだ。相手の心を操作したり、コントロールしたりしようとして一喜一憂するよりは、「自分のための女磨き」とわりきった方が精神衛生上良く、効率も良い人生と言える。こうして、「モテ」への努力は、自己への没頭を伴うストイックな営みとなる。

ただし、女磨きが外見磨きを伴うものである以上、この試みは完全に他者のいない世界での自己目的的な営みとしては完結し得ない。外見磨きは他者の視線を前提にして価値を持つものだからだ。外見磨きとしての「モテ」への努力はどこかで必ず自分の外見を魅力的だと見なしてくれる他者の視線を必要とする。「モテ」への努力をする女性たちは他者からの外見評価のまなざしに完全に無関心にはなれず、気にかけざるを得ない。そして自分の価値が、そのつどの他者の評価に依存する状態は、自己存在の不安定化や自己評価の低下をもたらす。「自分のためのモテ」「同性ウケのためのモテ」として自己目的性を高めつつも、女磨きという努力そのものが、他者からの外見評価に無関心になれないという状況を作り出し、他者からの評価による自分の評価の高低という不安定化の構造を生み出している。

「モテ」にどう対峙するか

筆者が、女性たちの「モテ」に邁進するさまを、肯定的に捉えられず、女性たちに推奨したいとも思えないのは、以上のようなトラップがあるからである。「女」としての生きづらさ――「本来の私／女という記号を身につけた私」という乖離的な意識や、自分の価値が他者による外見評価に依存しがちなこと――は、「モテのための努力」という回路を通して、さらに増幅し深刻化しているように思われる[★1]。

はたして、女らしさを磨くことが、自分にとって楽しく、他者との豊かな人間関係を築く方法としても機能しながら、自己評価の低下を回避できるような、そういった回路はないものだ

★1　男性においてもまた「本来の私／男という記号を身につけた私」との乖離が自己評価の低下をもたらしているということができるかもしれない。この場合、「男」という記号で捉えられることで被る社会的不利益と、「女」という記号で捉えられる社会的不利益の違いを丁寧に論じていく必要がある。

ろうか。

近年、ポストフェミニスト女性に見られる、「女らしさ（女という記号）」もまた自分の個性を構成する一つの能力という考え方（高橋 2020a）は、新しい可能性を拓くものかもしれない。2000年代後半に流行語となり、現在では一般に定着した「女子力」という語は、まさに女性的魅力をみずからの「能力」として捉えるものである。2000年代の「めちゃ♥モテ」は、このような潮流の先駆け的なブームだったと捉えることができる。

ただし、「女らしさ」が本当に「個性」の一つとして（自分においても社会においても）受け入れられるようになるには、性別に起因する社会的待遇の違いや社会的影響の違いについての不当感や恐怖感が薄まり、消えている必要がある……ほとんど、不可能にも思えるプロジェクトだが。

このような社会変革が実現されていない現状を生きる女性たちは、それでもやはり、ともかくもモテへの努力をしている。周囲がしている中で、自分だけがしないことの焦燥感もいくらかはあるだろう。だが、それだけではない。色々トラップはあるとはいえ、「モテ」の努力が報われたときの自己高揚には何ものにも代えがたいものがあるし、日々の努力によって肌の調子が良かったりすれば、持続的幸福感も味わえる。「モテ」をめぐる努力はそれらによって再び活気づけられ、継続されていく。しかし、トラップもあって……（以下繰り返し）。

現代の「男らしさ／女らしさ」の一端は、このような「モテのための努力」によって生き生きと蘇り、維持されている。このような現代の女らしさをめぐる社会的状況の中で社会学ができるのは、このような回路の中をぐるぐるとまわり続ける「モテ」のための努力において、具体的にどのような「女らしさ」のセットが選び取られているのかを丁寧に見続け、記述し、分析し、それが何を意味するのかを読み解いていくことだろう。

第６章

性解放の終焉？

若い世代の性行動の不活発化

1　はじめに

２０００年代後半以降、若い世代の性行動の消極化という傾向が顕著となってきた。２０００年代後半に見られる男子の性愛行動の不活発化は「草食（系）男子」という流行語を生んで話題となったが、データ上より急激に不活発化が進んでいるのは女性の方である。

ここでは性行動に関するデータを概観し、「草食（系）男子」論を批判的に検討する。また女性の性的関心や性行動の消極化という傾向について確認していく。

2　2000年代後半に見られる性行動の不活発化

1970年代中盤から2000年代前半は性解放が進んだ時期だった。恋愛行動・性行動（デート、キス、性交）経験率は年々上昇し、性行動を経験する時期が低年齢化していた。しかし、2000年代後半から男女ともに性行動の不活発化が見られるようになる。

国立社会保障・人口問題研究所「第15回出生動向基本調査（結婚と出産に関する全国調査）」によれば、2000年代から未婚者の異性交際率が低下［★1］し［図6-1］、性交経験がない人の割合も2000年代後半から上昇している［図6-2］。

全国の中学生・高校生・大学生を調査対象としている「青少年の性行動全国調査」（日本性教育協会）のデータからも、2000年代後半にトレンドの変化が見られることがわかる。高校生男女、大学生男女すべてにおいて、デート経験率、キス経験率、性交経験率のいずれもが2005年をピークに低下している（片瀬 2018：24）［図6-3］。実際の行為をするのに相手が必要なデート経験、キス経験、性交経験だけでなく、「性的関心の経験率」の低下も起こっている。

高校生男子において性的関心を経験したことがないと答える人［★2］は、1999年時点で全体の7・1%だったが、2005年に19・3%、2011年に25%と大幅増加した（林 2013：42-43）［★3］［図6-4］。これまで男子において少数にとどまっていた「性的関心なし」層が一定のボリュームをもって現れるようになったことが確認できる。

２０００年代後半に話題となったのは草食（系）男子だったが、不活発化傾向がより強いのは女性の方だ。高校生女子で性的関心を経験したことがない人の割合は、１９９９年には全体の20・７％だったが、２００５年に41・２％、２０１１年に53・５％、２０１７年に55・０％と大幅に増加している。大学生女子でも１９９９年に８・１％だったが、２００５年に10・１％、２０１１年に26・０％、２０１７年に28・７％と、２０１０年代も引き続き増加傾向にあることがわかる（林 2013：42–43）。

男女ギャップを見ると、「性的関心なし」と答えた人は、高校生男子21・２％に対して高校生女子はおよそ２・５倍の50・０％、大学生男子の５・７％に対して大学生女子はおよそ５倍の28・７％となっている（２０１７年時点）。「性的な関心がない方が女らしい」という古い性規範が復活しているのかと思えるほどのジェンダー非対称性が形成されている。

また、性行動に積極的な層と言える、性的関心を経験したことがあって性交経験もある人の割合は、男子では１９９９年をピークに、女子でも２００５年をピークに減少している[★4]（林 2019：42–43、林

★1　国立社会保障・人口問題研究所「第15回出生動向基本調査（結婚と出産に関する全国調査）」報告書（http://www.ipss.go.jp/ps-doukou/j/doukou15/NFS15_reportALL.pdf（２０１８年10月15日閲覧））。
★2　林（2013：42–43）の「関心なし・経験なし」と「関心なし・経験あり」の合計値。
★3　ただし、大学生男子の「性的関心なし」は、１９９９年に０・５％、２００５年に４・２％、２０１１年に４・４％、２０１７年に５・７％にとどまっている。

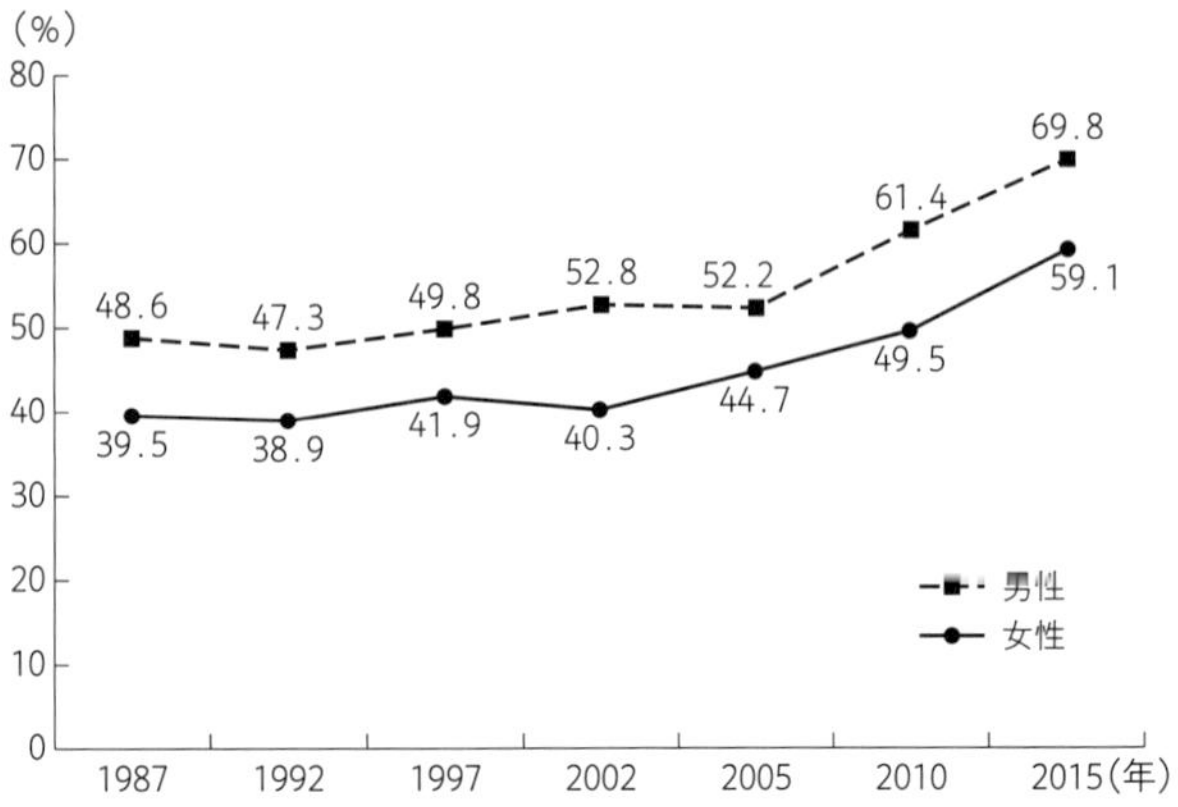

図6-1　18歳～34歳の未婚者のうち「恋人として交際している異性がいない」人の割合（出生動向基本調査）

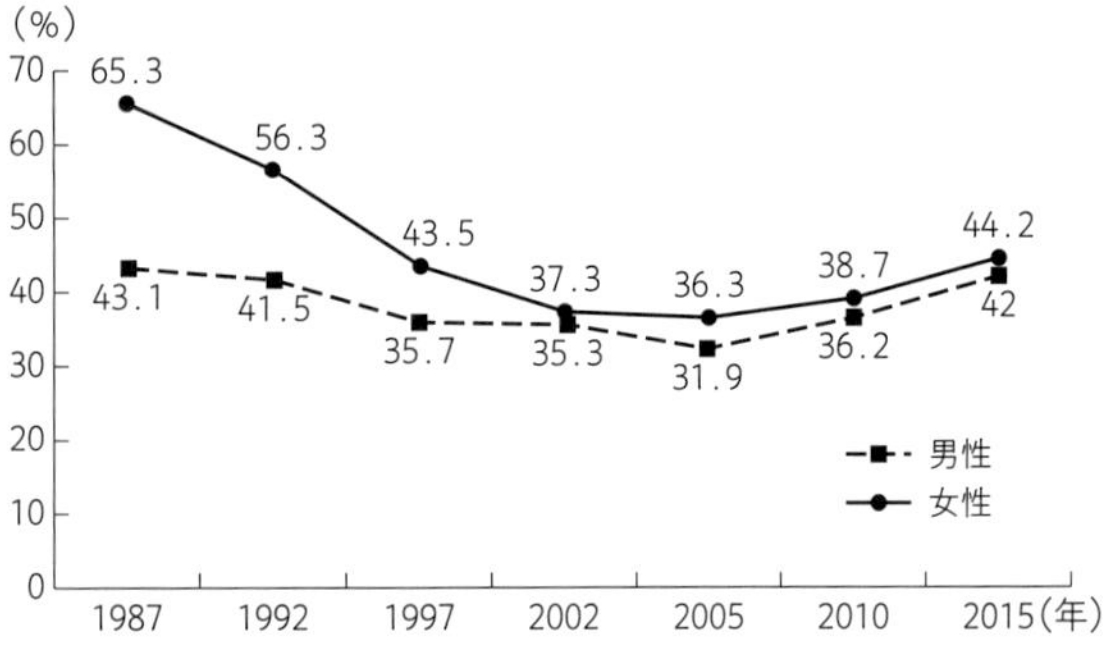

図6-2　18歳～34歳の未婚者のうち性交経験がない者の割合（出生動向基本調査）

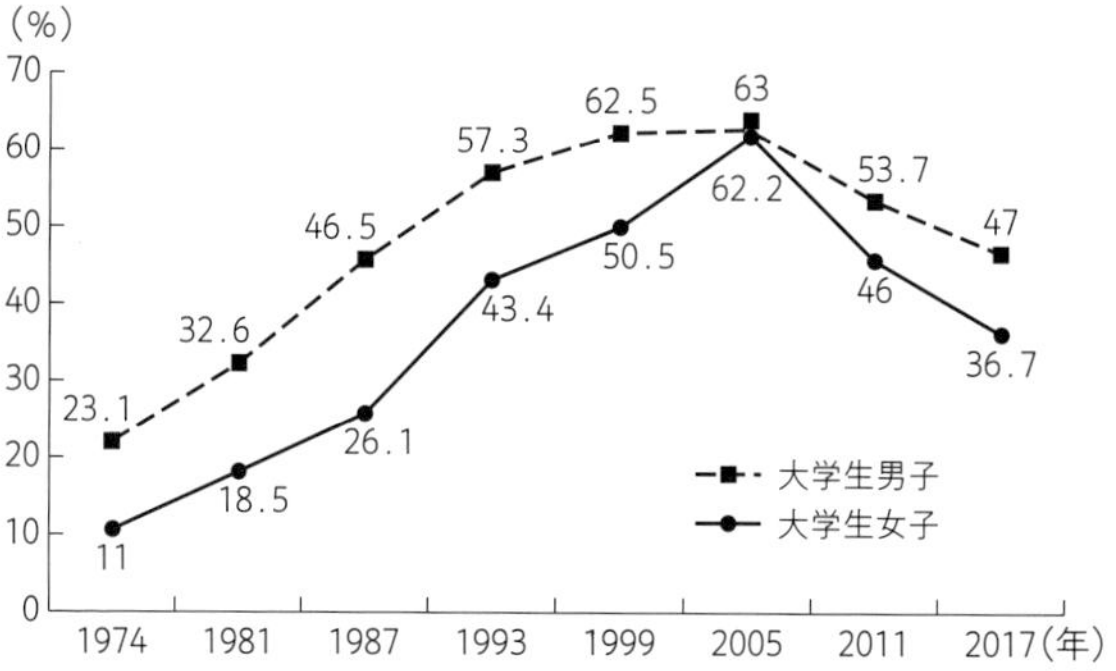

図 6 - 3　性交経験を有する者の割合（青少年の性行動全国調査）

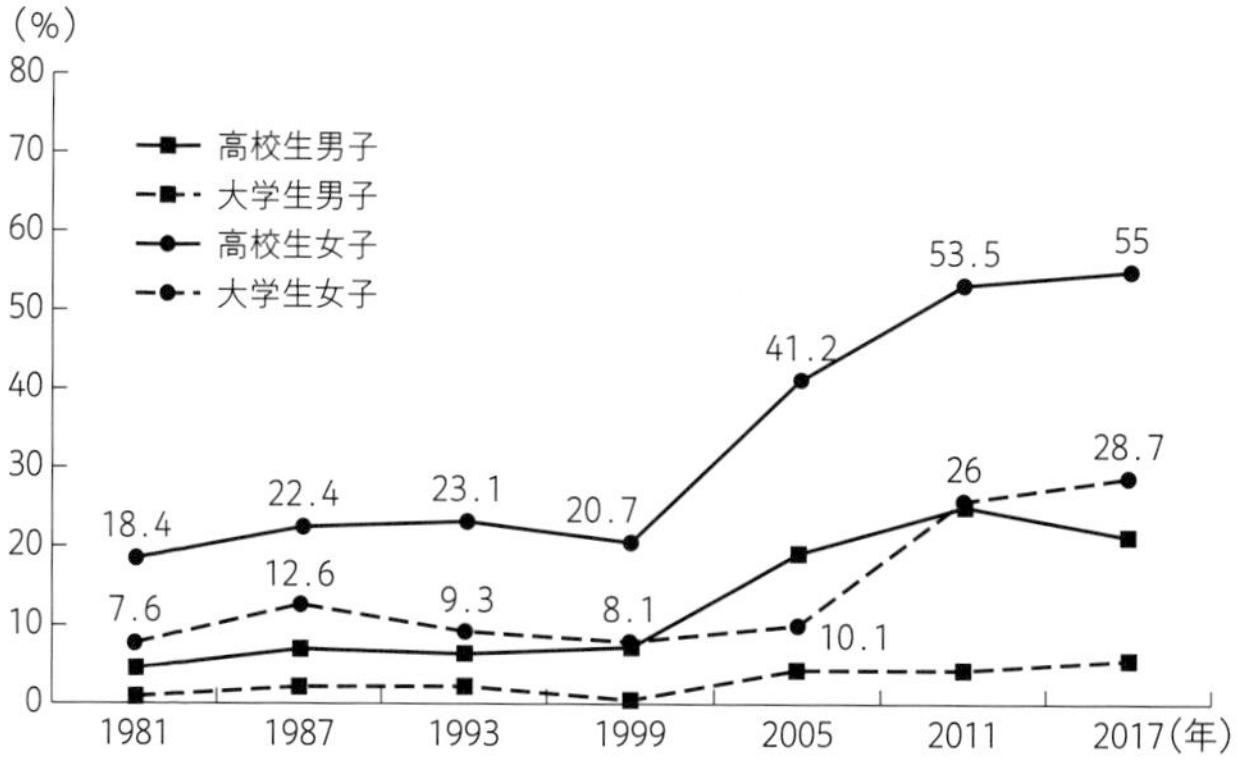

図 6 - 4　性的関心を経験したことがない人の割合（青少年の性行動全国調査）

2013:36)。渡辺(2013)によれば、日常的に性交関係がある人の割合もまた、男子では1999年以降、女子では2005年以降に減少しており、現在とられている行動を見ると「活発な者と不活発な者との二極化というよりも、全般的な消極化が生じている」(渡辺 2013:87)。

3 性行動の消極化と異性友人関係の変化

1.「草食(系)男子」論

2000年代以降の若い世代の性的関心や性行動の消極化の理由としてこれまでおもに、メディア環境の変化やオタク層の拡大といったことが論じられてきた。スマートフォンの普及や通信回線の改善などのメディア環境の変化によって、アダルト動画がより手軽に視聴できるようになった。また、好きな2次元キャラクターやアイドルなどの疑似恋愛対象(2・5次元キャラクターも含む)が、SNSなどを通して日常的に発する情報に常時接続し、触れ続けることができるようになった。メディアを通した疑似恋愛感情と性欲充足に没頭することが容易になっている(大倉 2011、山田 2016)。

これらの変化要因を踏まえつつ、本節で主題的に検討したいのは、「男らしさ」意識や「男らしさ」規範が変化しているのか否か、変化しているとすればどのように変化しているのかということである。

2000年代後半、「草食(系)男子」が流行語となった[★5]。消費離れ、アルコール離れ、美容への意識の高さといった現代の若者の特徴を言い表したものの一つで、なかでもセクシュアリティにおける「男らしさ」の変化を言い表したのが「草食（系）男子」論である。「草食男子」の命名者とされている深澤（2007：125）は、「草食男子」とは「もてないわけではないのに、恋愛にもセックスにもがっつかないで淡々と女性に向き合う」としている。また、倫理学者の森岡は、『草食系男子』とは、新世代の優しい男性のことだ。異性をがつがつと求める肉食系ではない。異性と肩を並べて優しく草を食べることを願う、草食系の男性のことである」（森岡［2008］2010：198）と述べている。いずれも比喩表現のため、解釈が多義化しやすいが、①性的に貪欲でないことと、②女性に対するニュートラルな（「男女平等な」と言われることもある）態度の二点を特徴《メルクマール》としていると言うことができる。

その後の「草食（系）男子」層を統計的に実証しようとしたいくつかの研究においても、「草食（系）男子」は、①性的意欲や性行動の低下と、②女性に対する態度（異性友人の多さや、性別役割意識の低さなど）の二側面で操作的に定義されている（片瀬 2013［★6］、高橋 2013［★7］）。

だが、そもそもなぜ、性的貪欲さと女性友人に対する態度とが関連づけて考えられているのだろう

★4　高校生男子において、27・0％（1999年）、26・5％（2005年）、17・7％（2011年）、13・4％（2017年）、大学生男子において62・7％（1999年）、61・6％（2005年）、51・5％（2011年）、47・5％（2017年）。

★5　「草食男子」の初出は2006年10月『日経ビジネス』における深澤真紀の「U35男子マーケティング図鑑」で、この語は2009年の流行語大賞のトップテンに選ばれた。

か。あたかも、性的に貪欲であるほど、女性と対等な友人関係を築くことは不可能だが、性的な衝動的欲求が弱ければ、女性ともニュートラルに付き合うことができるという論理が前提されているようにみえる。

性的貪欲さと女性への態度とが関連づけられて考えられているのは、かつての「本能としての性欲」[★8]とでもいうべき性欲観を反転させることで、「草食（系）男子」の新しい「男らしさ」イメージが導出されているからだろう。「本能としての性欲」とは、女性によって誘発される男性の性欲はコントロールできないものであり、女性を性的対象として捉えてしまうことは、男の性《さが》として仕方のないことだという性欲観のことだ。これを反転させ、性的衝動や性欲が弱いので、女性とも人間（友人）として接することができるというものとしてイメージされているのが、世間で流通している草食（系）男子像である〔例えば岸田 2010など〕。このような草食（系）男子像は、イメージに引きずられることで現実からズレていく部分があるという点で問題がある。以下、おもに「青少年の性行動全国調査」（日本性教育協会）のデータに基づきながら、議論していこう。

2．新しい「男らしさ」を構成するもの

性的関心の高さ

2000年代後半以降の若い世代の男性の「性欲が弱い」というのは事実ではない。たしかに、「性的関心なし」と答える人たちの割合が増え、注目されるようになった。とはいえ、それは高校生

男子の21・2％、大学生の5・7％である。大部分を占めるのは、「性的関心を経験したことがある」と答える層で、高校生男子の78・8％、大学生男子の94・3％を占めている（「性的関心あり・性交経験なし」と「性的関心あり・性交経験あり」とを合わせた値、2017年調査）。

女性の意向への配慮

次に、「草食（系）男子」の特徴として挙げられてきた女性に対するニュートラルな態度についての議論を見ていこう。1990年代までに見られた規則性として、異性友人がいる人の方が恋愛交際を経験している割合が高く、異性友人の数が増えるほど、恋愛交際経験率は高くなる。だが、2000年代後半以降、異性友人の数は増えているが、交際人数や交際経験は増えていないという現象が見られる（高橋 2013：54）［★9］。

★6　例えば、片瀬（2013）は、「グループで付き合う異性や異性の親友はいるけれども、恋人は欲しいとは思わない」を「草食（系）男子」の操作的定義とした場合、男子の15％、女子の26％がそれに相当することを明らかにしている（2011年時点、片瀬 2018：176）。

★7　「草食化」を、男性の性的欲望の縮小、性行動の不活発化、性別分業意識の低下、性別隔離の解消の四つのトレンドとして操作的に定義している。

★8　これは、赤川（1999）の論じた「性欲＝本能論」とも近い。だが、赤川の「性欲＝本能論」は、「性＝人格論」との対比から導出されている概念であり、また「性欲＝本能論」は生殖としての性、快楽としての性、セルフプレジャーとしての性の布置を構成するものとして論じられている。本書では、これらすべての含意を踏まえた上で性欲を本能と見なす見方を論じるものではない。したがって、赤川の概念は用いず、端的に「本能としての性欲」と言うことにする。

この原因として高橋征仁（2013：55）は、二点論じている。一つは、異性と知り合う機会は増えたが恋人になれないという「期待はずれ」の経験が増えたことで、若い世代の男性は「より慎重に行動」するようになり、異性と知り合いになればすぐに交際を申し込んだり、性的アプローチをしたりするといった性的に貪欲と見えるような行動をしなくなったからである。

もう一つは、すでに成立してしまった友人関係から恋人関係へと切り替えるさいには、一定のコストとリスクが発生するからである。異性友人関係において、一方が恋人になりたいとは思っていなかったにもかかわらず、他方が恋人へと関係を切り替えようとしたことによって、これまでの心地よかった友人関係が壊れてしまうというリスクや、関係を「友人」から「恋人」に切り替えるためのデート、告白といった儀礼を越えなければならないというコストがある（「異性友人の存在が一般的になるほど、異性とのコミュニケーションは友人モードから開始せざるを得ないのであり、恋人モードへの切り替えのためにはさらに別のハードル――空気を読む能力や告白等の儀礼――をクリアしなければなら」ない（高橋 2013：56））［★10］。

性行動への消極化がこのような経路で起こっているとすれば、これは、男性たちが女性を対等な友人として捉えるようになっていることを意味するだろう。女性を性的対象としてのみ捉えるのではなく、大切な友人として認めているがゆえに、友人関係をより親密な関係に発展させる場合には女性の意向を汲んでステップを進めることを重視している。「がっつかない」「がつがつ」しないと表現されてきた新しい男らしさとは、女性の意向への配慮による性欲の表出形式の変化と言える。

男性が女性の意向や希望に合わせて性欲の表出をコントロールするようになっているということは、例えば、「恋人はいるが性交はしない」とする男性が２０００年代後半から２０１０年代にかけて微増し、可視化されるようになっていることからもわかる（高校生男子14％、大学生男子９％、２０１１年調査）。

次に、では、男性が意向を汲もうとしている相手としての女性はどのような希望や意向を持っているのだろうか。

女性における「性行動のイニシアティブは男性がとるもの」という役割期待の強さ

女性の恋愛行動・性行動を見ると一般的傾向として、恋愛には積極的だが、性行動には消極的という特徴が見られる。恋愛行動の活発さは必ずしも性的関心の高さや性的欲望の強さに基づくものとはなっていない。「性的関心を経験したことがない」とする層が急増しており、高校生女子で55・０％、大学生女子で28・７％を占めている（いずれも２０１７年調査、林 2013：42-43）。性に対するイメージも悪化

★９　日本性教育協会の青少年の性行動全国調査によれば、２０００年代後半には、「よく話す異性の友人あり」の割合が増えているにもかかわらず「付き合っている人あり」の割合が減っていることが確認できる（渡辺 2013：83）。

★10　このことを踏まえると、多くの人が異性友人を持つようになった現代では、「ひとめぼれ」という形で最初から相手の「恋愛対象」枠に入らないかぎり（もしくは相手を「恋愛対象」枠に入れないかぎり）、恋愛関係は発生しにくいと言えるのかもしれない。婚活パーティや婚活アプリ、出会い系アプリの盛況は、互いが最初から「恋愛対象」を探しているという合意が事前にとれているという利点によっているのかもしれない。

しており［★11］、セックスへの憧れの感覚は縮小している。

また、女性たちは、性のイニシアティブは男性がとるものという規範意識を、男性よりも強く持っており、実際の性行動を見ても、男性の側が要求することでなされているということが明らかとなっている。「男性は女性をリードすべきである」を支持する人の割合は中学生、高校生女子で70％を超え（中学生女子75・2％、高校生女子72％）、中学生・高校生男子で60％台となっている（中学生男子62・1％、高校生男子61・1％）。大学生になると、男女とも10ポイント程度ずつ下がっているが（大学生男子52・4％、大学生女子63・2％、いずれも2011年調査）、いずれにおいても女性の方が支持していることがわかる（永田 2013：111–112）。

実際の性行動において自分と相手のどちらがリードしたかについての回答を見ると、キス、性交などの性行動を自分からしたと答える割合は、大学生男子で38・2％（キス）、42・1％（性交）であるのに対して、大学生女子では2・3％（相手からキスが66・5％）、2・1％（相手から性交が66・9％）となっており、圧倒的なジェンダー非対称性がある（いずれも2011年調査、永田 2013：105–106）。女性にとって、キスや性交といった性行動は、相手から要求されてするものであり、相手がリードするものという了解がある。

ダブルコンティンジェンシー

以上のことを踏まえると、男性は女性の意向を踏まえた性関係を目指し、自らの性欲の表出形式を調整しているが、女性は性的関心を低下させ、性的なことは男性主導でなされるものという意識を強めているという現状が見えてくる。男女とも相手の出方に応じて、自分の行動を決めようとするがゆえに、どちらからも行動が起こらないというダブルコンティンジェンシー（二重の不確定性、両すくみ）の状況に陥っているということができる。

ダブルコンティンジェンシー状況を解決するには、パーソンズによれば、異なった立場に置かれている個々の「行為者の動機づけを統合」するような「規範的な文化的基準」を再構築する必要がある（Parsons 1951=1974 : 42-43）。ここまで議論してきた性行動に当てはめて言えば、すべての人が性的関係を結ぶことに「動機づけ」られるような（「動機づけ」の「統合」）、「規範的な文化的基準」を確立することを意味すると解釈できる。だが、これは若干問題のある解決策だろう。現代ではこれを個人の自由の侵害と受け止める人は多いと考えられる。

次の引用箇所も、同じ理論枠組みによるものだが、より穏やかな表現が用いられており、現代における有効な解決策を導くことができる。

他我の行為いかんに依存する自我の行為の選択肢ばかりでなく、また自我の行為がどうであるか

★11　「『性』とか『セックス』という言葉について、どのようなイメージを持っていますか？」という質問に対して、「楽しくない」「汚い」という回答が2005年、2011年に増加している（針原 2018）。

に依存する他我の行為の選択肢、およびその両者の間の順列・組み合わせの可能性といった、はるかに広範囲な『仮定された場合』を通して、サインの意味が、安定しなければならない（Parsons 1951=1974 : 16）

現在、「女性の意向を踏まえた性的関係を結ぶべき」という男性が内面化している規範と「性行動は男性がリードすべきもの」という女性が内面化している規範との間の調整不備（アノミー）が起こっている。そこで、この二つの規範を調整するような「サインの意味」に関する「安定したシンボル体系」（Parsons 1951=1974 : 16）の確立が、性行動をめぐるダブルコンティンジェンシーを解決する有効な方法となるだろう。つまり、「お互いに親密な関係性の形成を求めているよね」ということを確認できる何らかの「サイン」と、そのサインをめぐる安定的な解釈枠組みが社会的に広まることで、性行動をめぐる調整不備が解消できる。これがパーソンズのダブルコンティンジェンシー論から導出される解決策の一つである。

4 恋愛積極的女性の性行動

1．恋愛積極性と性別役割肯定性の相性の良さ

女性の中でもとくに「めちゃ♥モテ」ブームに見られた、恋愛に対して積極的な態度をとる女性たちの性行動にはどのような傾向が見られるだろうか。

恋愛行動に関しては、イニシアティブをとる女性も表れている。自分から（愛の）告白をしたことがあるとする女性は、高校生女子で53・7％、大学生女子で59・6％となっている（永田 2013：110）。性交を自分から要求したことがある女性が数パーセント台にとどまるのに対して、5割以上の女性が告白経験を有することを考えると、「告白する」ことは、「女らしくない」行動ではないと人々によって考えられるようになってきているということがわかる。

近年の研究においては、「男性は外で働き、女性は家庭を守る」などの家庭内性別役割分業と、「性的行為は男性が主導すべき」「デート代は男性が払うべき」などの恋愛や性的関係における性別役割とは、人々の意識の中で分離されているということが指摘されている（森 2015：137–138）。性教育協会の性行動全国調査データを分析でも、「夫は外で働き、妻は家を守る」という性別役割分業の支持率は低下し続けている［★12］のに対して、「男性リーダーシップ規範」の支持率は一貫して70％から80％をマークしている（永田 2013：105）。ここから、人々の意識の中で、家庭内性別役割分業と、恋愛や性的

関係における性別役割とは、異なるものとして了解されているということができる。

　そして、恋愛行動に積極的な女性（告白経験のある女性）と、告白経験なしの女性を比較すると、告白経験ありの女性のほうが、「男性は女性をリードすべきである」という男性リーダーシップ規範ならびに、「女性は働いていても家事育児を大切にすべきである」という女性家事育児規範、「夫は外で働き妻は家庭を守る」という性別役割規範の支持率が高い（永田 2013：112）。男性においても、告白経験のある男性の方がリーダーシップ規範をはじめとする規範を強く持っている。ここからは恋愛を意識し、恋愛積極的行動をとる人ほど、性別役割期待を強く持っているということがわかる。

2．性解放後を生きる恋愛積極的女性たちのふるまい——愛の中への性の囲い込み

２０００年代の「めちゃ♥モテ」女性に代表的に見られるような、性的関心の高さを伴わない恋愛積極的な女性たちの行動を、どう読み解くことができるだろうか。これは、１９９０年代までに達成された性解放後を生きる女性たちの行動戦略として読み解くことができると、筆者は考えている。

　第二波フェミニズムが中心になって進めてきた性解放によって、結婚を前提としていれば結婚前にセックスをすることが社会的に許容されるようになり、その後、結婚を前提としなくても愛があればセックスをしてもよく、また愛がなくてもセックスしてもよいとされるようになった。誰といつ性交するのかが個人の自由に属する問題として捉えられるようになったことで、性解放は、社会的道徳による個人の抑圧をなくし、個人の自由を回復するものとして位置づけられ、進められてきた。ここで

は、性的に解放された女性であることが、時代の先端を行く「カッコいい」ものという価値観が成り立っていた。

データ上、女性が性的に最も活発だった時期は１９９０年代だった。この時期には、一対一の恋愛行動や性行動が増えただけでなく、複数交際なども見られたのに対し、２０００年代以降、複数交際している人の割合は急激に低下している[★13]。「セフレ（セックスフレンド）」とは、恋人関係になることなしに性交をする友人関係のことを指すが、この語が流通したのも90年代である（千田 2011：86–87）。性解放後の２０００年代を生きる女性たちは、恋愛に積極的な姿勢をとることで、同時に性的にも解放的なのだという期待やイメージを持たれることになっている。

だが、複数恋愛や、愛情関係を結ばない相手とのセックス（セフレ関係）は、女性たちの満足感や自己肯定感の向上にはつながらなかった。例えば渡辺（2013：91）は、「恋人以外と性交・交際する」高校生女子の自己評価が低く、「恋人はいるが性交はしない」高校生女子の自己評価が高くなっている

★12　この点は、本書第4章で見たデータ群とは異なっており、２０００年代後半でも性別役割分業意識は上昇していない。２０１１年の支持率は、男性で2割、女性で１・５割程度である（永田 2013：112）。

★13　青少年研究会の調査によれば、「特定の恋人がいるが、それ以外の人とデートをしたり出かけたりする関係を有する者」は、１９９２年に54・９％、２００２年に22・９％と半減している。複数恋愛経験がある人の割合は、２００２年には全体の19・１％だったが、２０１２年には８・４％まで低下している（木村 2016：153, 156–157）。

また、「現在複数人と性交している人」と「恋人と性交する」と答えた人の合計値は、大学生男子において１９９９年にピーク（37％）となり、２００５年に36％、２０１１年に32％と低下。高校生男子でも１９９９年にピーク（16％）がありその後、２００５年に14％、２０１１年に７％と減少している（渡辺 2013：86）。

ことを指摘している。ここからは女性たちがセフレ関係を歓迎していないということがわかる。

２０００年代の恋愛に積極的な女性たちは、性を愛の中に囲い込み、愛の内部でのみ性を享受することで、恋愛の自由と性の自由を両立させるという戦略をとったのではないか。複数交際や、愛情関係を結ばない相手とのセックス（セフレ）などの「性解放」を慎重に排除したうえで、恋愛対象として「モテる」（複数の人から特別な好意を向けられてちやほやされる）ことを目指したと解釈できる。これは、性的放逸という意味での性的な「解放」に一定の留保をつけながら、愛の中での性を享受するという態度である。その根底には、「解放」＝進歩的な女性を意味するという価値観の弱まりの中で、女性が性的関心そのものを希薄化させているというトレンドがある。

性を愛の中に囲い込み、愛の中の性を価値あるものとして重視するという価値観は、若い男性の間にも広がっている。青少年の性行動全国調査（日本性教育協会）によれば、「性交には愛情が必要と考える割合」は、高校生女子においては１９９０年代から一貫して高まり続けていたが、２０００年代前半には、高校生男子と大学生男子においても上昇している（石川 2007：88）。女性の意向を汲もうとする男性たちは、「愛の証明としての性」という価値観を女性たちと共有するようになっている。

３．保守化ではない新たな愛としてのコンフルエント・ラブへ

２０００年代以降、若い世代において、「性的関心がない」と表明する女性が増え、「性行動は男性に求められてするもの」という受動的意識が強まっている。女性の中の恋愛積極層もまた、恋愛結婚

に関して積極的であるが、それは性的関心を伴ってはいない。排他的な愛情関係の中に性交を囲い込むことで、恋愛の自由と性的自由を享受している。その結果、全体的な性行動の消極化が起こっている。全体として見わたしてみると、あたかも再び性的貞節さが、「女としての価値」を根拠づけるものとして復活したかのように見える。

しかし、2000年代後半以降のこのような変化は、社会的道徳として女性の性的貞節が復活していることを意味しないし、性解放以前への回帰を目指すものと解釈することもできない。女性たちは、愛の中の性を享受している。愛の中に性を限定することで、愛と性の緊密化を進め、愛の証拠としての性と位置づけることで、愛と性の価値化を行っている。

このような愛と性の緊密化は、社会学では従来「コンフルエント・ラブ（confluent love、一つに溶け合う愛）」（Giddens 1992＝1995）として論じられてきたものである[★14]。愛と性が緊密化し、愛を伴った性の価値が高まる現代では、愛と性のパートナー関係の形成ならびに解消に関する社会的制約が減り、互いの個人の感情だけが、それらの行動選択を決める根拠になっている。個人の感情（根拠が社会ではなく、個人の感情にあるとしか言い得ないもの）だけが行動選択の根拠になることを、近代は、個人の自由の増大と呼び、進歩と呼んできたのだ。このような変化の一環にある愛の中への性の囲い込みは、若い世代の「保守化」には当たらないということができる。

5 性解放後の若者の性行動——第6章まとめ

最初の一歩が踏み出せない若者たち

草食（系）男子論では、セクシュアリティに関する新しい「男らしさ」があるとされてきた。実際、性行動全国調査（性教育協会）のデータを中心に整理すると、「性的関心のなさ」を表明する男子が一定数の厚みをもって現れたことや、女性友人との関係を大切にしていること、そして恋人同士であっても性交をするかしないかに関して女性の意向に配慮するというふるまいをしている男性たちがいることが見えてきた。男性には女性の意向に配慮して、自らの性欲の表出形式を調整している傾向が見られる。他方で、男性が配慮を向ける女性の方はといえば、性的関心を持たなくなっており、性行動は男性が主導するものという意識を強め、性意識・性行動ともに消極化している。

こうして、男性は女性の意向を伺い、女性は男性が主導するものという考えに縛られて自分の性に関する意向をうまく伝えることができず、結果的に、お互いのどちらもが最初の一歩を踏み出せずにいるというダブル・コンティンジェンシーの状況にある。両すくみ状態ゆえに、リアルな人間との恋愛・性関係からの離脱が起こり、性行動の消極化といわれる事態が起こっていると捉えることができる。

また、2000年代以降の恋愛積極層の女性たちに着目すると、性解放後を生きる彼女たちは、愛の中に性を囲い込み、愛のある性に高い価値を置くことで、恋愛の自由と性の自由の享受を行っていることが見えてきた。

2000年代の性と愛の状況から生じた「ソフレ」という異性友人関係について

本章で見てきたことは、女性は「性行動は男性にリードしてほしい」と思っているが、男性は「女性を傷つけない性関係のあり方をとりたい」と思っており、両者のコミュニケーションを調整する分かりやすいサイン（解釈枠組み）のようなものがないということだ。そのため、当事者水準での手探

★14　ギデンズは、ロマンティック・ラブからの解放の結果生まれつつある新しい愛の形式を「コンフルエント・ラブ」と呼んで論じている（Giddens 1992=1995)。コンフルエント・ラブとは相手と「関係性を結ぶというそれだけの目的のために、つまり互いに相手との結びつきを保つことから得られるもののために社会関係を結び、さらに互いに相手との結びつきを続けたいと思う十分な満足感を互いの関係が生み出していると見なす限りにおいて関係を続けていく」ような「純粋な関係」に基づく愛（Giddens 1992＝1995：90））のことで、性と愛が強く結びつき（Giddens 1992＝1995：97）それが結婚という外的・制度的保証からさしあたり切り離されていることを特徴とする。
日本においてもロマンティック・ラブからコンフルエント・ラブへという変化が見られるという議論がなされてきた（木村2016、中西 2017)。木村（2016：159-161）は、青少年研究会の2012年調査に基づいて、恋愛において「非日常感（ときめき）」をもたらしてくれるような相手を求める者が減少し、継続されうる一対一の固定的で安定した関係性を求める者が増えていることを指摘し、これをコンフルエント・ラブとの関係で論じている。

また、中西（2017）は、武蔵大学の大学生に対する質問紙調査から、結婚を前提としない恋愛を問題ないとし、かつ結婚するまでセックスしない恋愛を問題ないと考える「現代的純潔主義」（恋愛≠結婚＝セックス）型が最も多く（50・8％)、次に、恋愛とセックスの結びつきを重視し、それが結婚を前提としない恋愛であることを問題ないとするコンフルエント・ラブ（「結婚≠恋愛＝セックス」）型が多い（30・8％）ということを明らかにしている。

りが行われており、そのなかで多様な親密性の形が模索され、形成されている。

その一つに、2010年代中盤に若い世代で新しく登場してきた異性友人関係である「添い寝フレンド（ソフレ）」があったのではないかというのが、筆者の見立てである[★15]。ソフレは、セックスはせず添い寝だけをする友だち関係のことを指す。愛と性が緊密化する2000年代以降の現代において、愛していないからセックスはしないが一晩をともに過ごす友人関係というあり方が浮上してきたのではないか。

そこで、次章では、ソフレについてのインタビュー調査結果を報告することにしよう。

★15 パーソンズは、ダブル・コンティンジェンシーを解消して、適切なコミュニケーションが可能になるためには、規範的な価値基準の確立によって、お互いの動機づけを調整する必要があるとしていた。

それに対して、ルーマンのダブル・コンティンジェンシー論は、必ずしも新しい「シンボル体系」や「規範的な文化的基準」が必要というわけではない、という議論である（春日 2005）。「両すくみ」状態でも、その状況において何らかのふるまいや反応がなされることで、新しい相互行為システムが生まれると考えるのがルーマンの議論だ。

第7章

現代の異性友人関係

ソフレ（添い寝フレンド）の調査から

1 はじめに

1.「異性友人」の名称の変化から見る、現代の恋愛観と性観

異性愛者における異性友人は、恋愛・性関係にもなりうるというその可能性によって、特有の意味合いを帯びてきた。異性友人に付けられるラベルの多様性と変化は、異性友人の社会的意味を捉える手がかりになりうる。

とくに、80年代から90年代の、消費行動と連動して活発化した恋愛・性文化の活発化の中で、恋人と友人の間、愛と性の周辺で多様な名称が生み出されてきた。バブル期の「アッシーくん」、「メッシーくん」[★1]、「セフレ（セックスフレンド）」などは現在でも知られている。

2000年代以降、性行動が不活発化していることは、前章でも見てきたとおりだが、そのなかで

も中高生や大学生の間では、２０１０年代中盤に、新しい異性友人を指し示す呼称群が登場した。一晩同じベッドで添い寝するが性的関係を持たない「添い寝フレンド」（通称「ソフレ」）や、キスだけをする「キスフレ」、ハグだけをする「ハフレ（ハグフレ）」、お風呂に一緒に入るがそれ以上のことをしない「オフレ」、学校の友だちなどの前ではお互いに付き合っているふりをするが、実際には恋人同士ではない「カモフラージュ・フレンド」（通称「カモフレ」）、彼氏と別れた直後の女性の精神的なリハビリに付き合ってくれる「リハビリ・フレンド」（通称「ビリフレ」）などである。機能用途別に名前を付けているという点はバブル期と同様であるが、セックスという性行動の最後のステップとされるセックスまでのステップの細分化（ソフレ、ハフレ、キスフレ、オフレ）が見られること、それによって「セフレ」関係になることを避けていることが、２０１０年代中盤の特徴と言える。

たんなる「友人」から「性的パートナー」までの間を細分化することで、恋愛感情なしに性関係を結ぶセフレ関係になることを回避しようとする「友人関係」戦略を見ていくことで、現代の異性友人関係と異性愛者の恋愛・セックス観（恋愛規範、性規範）を明らかにすることができる。

なかでも、ソフレは添い寝をするために、一定の場所で、一定時間をともに過ごすという行動形態をとる。そのため、ソフレ関係が本当に成立しているのか否かを、第三者からも観察しやすい。そこで、本調査はソフレに焦点を絞った[★2]。ソフレ経験者へのインタビュー調査に基づいて、ソフレという「異性友人」のあり方を明らかにし、２０１０年代の新しい異性友人関係から見える現代の若者の恋愛・性の一端を明らかにする。

2. ソフレとは

「ソフレ」という言葉の始まりは明瞭ではない。「性交なしの添い寝」が主題として描かれた、比較的早い時期の作品として、マンガ『シマシマ』（山崎紗也夏、講談社『モーニング』にて2008年4月から2010年9月まで連載、2011年にTBSでテレビドラマ化）がある。これは「女性向け添い寝サービス」をテーマにしており、「ソフレ」という言葉は用いられていないが、その後の「ソフレ」に共通するルールが確認できるものとして重要な位置を占めている。

『シマシマ』の主人公は添い寝屋を経営する20代の女性で、彼女自身、かつて不眠に悩んだ経験を持つ。ここから、自分と同じように不眠に悩む女性のところへ、添い寝をしてくれる若いイケメン男性を派遣する「添い寝屋」のビジネスを始める。添い寝屋のルールは、「隣に寄り添いはするものの、決して交わらない平行の関係であること」、「女性に安眠を与えるのが目的であり、性的な行為は一切行わないこと」である。

インターネットサイト上の「ソフレ」を紹介する記事[★3]や、調査に携わった大学生の情報提供によれば、ソフレは互いの事前の合意のもとで実行されると紹介されている。ソフレという約束だっ

★1　「アッシーくん」とは、女性の都合に合わせて車で送り迎えをしてくれる男性のこと、「メッシーくん」とは食事をおごってくれる男性のことを指す。

★2　ソフレを主題とした調査・研究は、管見のかぎりいまだ見あたらない。現代の若者の性愛関係を主題とした大森（2016：135, 139）にはソフレへの言及が見られるが、ソフレを主題的な検討対象としたものではない。

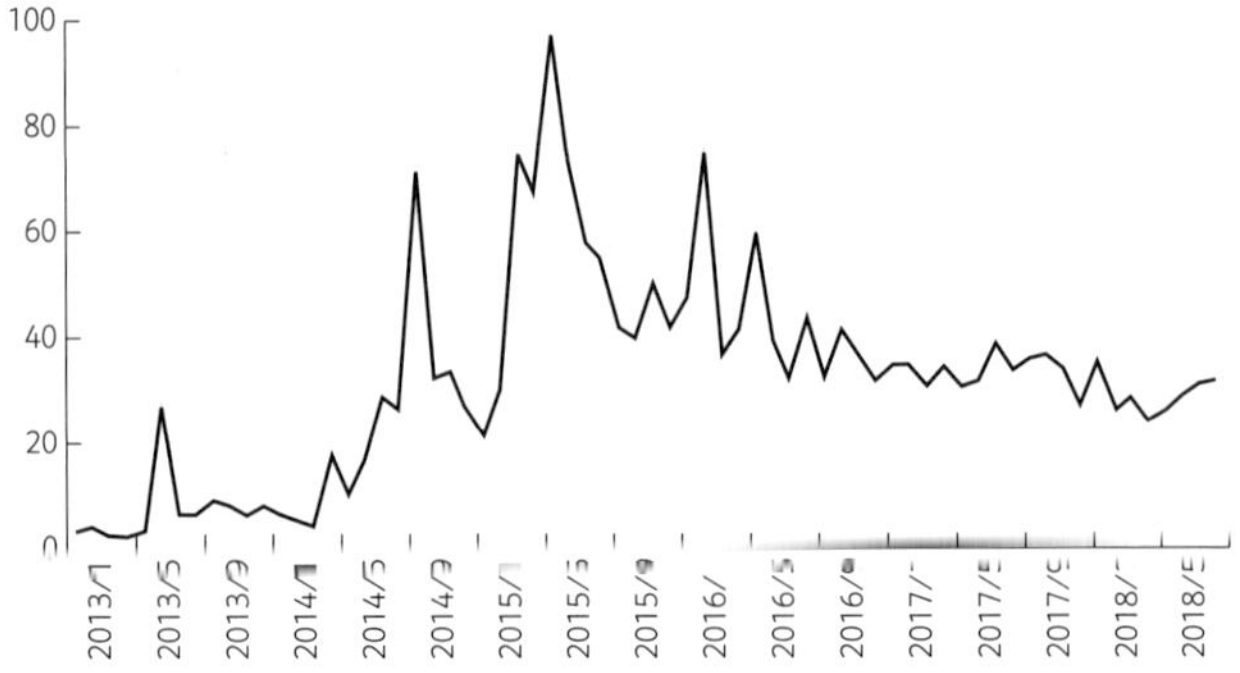

図7－1　グーグルトレンドによる「ソフレ」という語の検索動向

たにもかかわらず「まちがえて」キス等をしてしまえばソフレは解消され普通の友だちに戻るのが一般的であるという。したがって、ソフレ同士では性的なことがらは一切行われない。

また、ソフレの利点として「友達以上恋人未満の関係を保てる」こと、恋愛ほどお互いの生活に干渉することがないので恋愛のわずらわしさを回避しつつ、恋愛の楽しさを味わえることなどが挙げられている。セフレのような「うしろめたさ」がない点で、ソフレの方が良いという紹介文も頻繁に見られた。

グーグルトレンド（指定した期間中で最も検索された時期を100とする相対的な検索動向を示すものである）によれば、「ソフレ」という語は、2013年5月頃から検索され始め、2015年5月に最もよく検索されていることがわかる［図7－1］。

ソフレが今後、セフレのように社会的に定着し、広く一般的に使われる語になるかどうかは定かではない。だが、「愛ゆえの性行為」が肯定され、「愛なしの性行為」の価値が低下する中で、セフレとは異なる親密な異性友人関係のあり方が模索されていることはたしかだ。ソフレという現代の異性友人関係の事例研究を通して、現代の若者の恋愛と性のあり方や考え方を考察することは意義あるものと考えられる。

3．問い

ソフレとは何か。セフレが性的満足のために結ばれる関係だとすれば、ソフレは精神的満足を得るために結ばれる関係なのだろうか。もしそうであるとすれば、ソフレ関係やソフレ相手から得られている精神的満足とはどのようなものか（3－2．）。ソフレ相手は、どのような存在として意味づけられ理解されているのかを解明することを目指す（3－3．）。

また、これまでの本書の議論を踏まえると、ソフレについては次の二つの仮説があった。一つは、相手に対して今一歩踏み込めないが、互いに関心がないわけでもない現代の若者たちによって形成された親密な関係の一つとして、ソフレがあるのではないかというものである。ソフレは、女性の意向に合わせて、自分の性欲の表出形式を調整するという新しい「男らしさ」意識を持つ男性との間に成り立っているのではないか。ここでは、一般的な若者語として通用しているステレオタイプな「草食

★3　例えば、キュレーションサイト「ＬＡＵＲＩＥＲ ＰＲＥＳＳ」の２０１６年12月18日記事「彼氏でもセフレでもなく〝ソフレ〟がおすすめの理由　どんな男性がソフレに適任?」https://laurier.press/i/E1480995458527（２０１８年６月30日閲覧）や、「ＭＯＤＥＬ ＰＲＥＳＳ」の２０１８年６月18日記事「ソフレは「一緒に寝るだけ」じゃない？　体験者がぶっちゃける」https://mdpr.jp/column/detail/1480786（２０１８年６月30日閲覧）など。

（系）男子」がソフレになるのかという問いを検討する（3－4．）。

草食（系）男子像については、インタビュー前の準備段階で、草食系／肉食系に関する文献や記事［★4］をゼミメンバー全員で講読してイメージの共有を図った。議論の中で、草食系男子とは「色が白くて体型が細め」で「やさしそう」な雰囲気を持っていることなどが挙げられた。読売新聞 2009年2月17日朝刊「安定志向の『草食系男子』」では、「スリムで小食」、「スイーツ大好き」、「異性にがつがつせず、男らしさにこだわらない」、「温厚な性格」、「オシャレに関心」、「ホテル代もワリカン」などの特徴が挙げられている。

もう一つの仮説は、「ソフレ」が、恋愛積極的女性にとってのジレンマ――恋愛積極的態度をとることで、同時に性的にも解放的だと見なされるが、セフレなどの性的解放性は女性の自己評価の低さをもたらすというジレンマ――の解決方法の一つとしてあったのではないかというものだ。これを検討するため、具体的には、ソフレ関係の始まりは女性からの要望で始まることが多いのか否かについて、見ていく。ソフレが恋愛積極的な女性にとっての戦略としてあるとすれば、女性からの要望で始まることが多いと考えられる（3－1．）。

2 20代ソフレ経験者へのインタビュー――調査方法

調査の概要

筆者が非常勤講師を務める首都圏私立大学「2年社会学調査実習」を履修した学生がインタビュアーとなって、ソフレ経験のある20代の男女6人（男性2人、女性4人）に対する半構造化インタビュー（あらかじめ質問項目を決めそれに即してインタビューするが、話の流れの中である程度自由に関連する質問も行う方法）を行った今回は結果的にすべて異性愛のケースとなった。2人から4人がグループになって、1人のソフレ経験者（調査対象者）に対する60分程度のインタビューを行うという形式をとっている。インタビューの実施期間は2017年10月から12月で、場所はカラオケボックスや、カフェ、調査対象者の自宅などを用いた。女性1人（Cさん）と、男性1人（Fさん）については、日程の都合がつかず、また調査対象者の希望もあって、それぞれCさんはLINE、FさんはTwitterのダイレクト・メッセージ（DM）での「インタビュー」となった。

インフォーマントは、履修者が自分の知人・友人関係を通して探すという方法をとり、「ソフレ経

★4　深澤真紀（2007）を基準とし、補足的に、『読売新聞』2009年2月17日朝刊記事「安定志向の『草食系男子』」、『読売新聞』2009年6月9日夕刊記事「『草食系男子』増加は必然」、『読売新聞』2011年1月24日朝刊記事「草食系男子増加傾向に」、『読売新聞』2015年7月31日朝刊記事「添い寝をしても『友達』」など。

表7-1　調査項目一覧

I　ソフレの実態	
1　調査対象者の情報	年齢，性別，職業，所属サークル，性経験の有無
2　ソフレ相手の情報	年齢，職業，性格，体格，外見の特徴や雰囲気 ＊可能であれば写真を見せてもらう
3　ソフレの経緯	出会い方，きっかけ，人数（これまで何人いたか，同時に複数人とソフレ関係になったことはあるか），継続期間
4　ソフレ実践	会う頻度，時間帯，会う場所，相手を性的対象として見たことがあるか，ソフレ関係から何を得るのか
5　その後の関係	ソフレ関係を解消した理由，その後の交友関係の有無，恋愛関係に発展したかどうか
6　その他	恋人の有無，セフレの有無
II　ソフレに何を求めているか	
7　ソフレに求める条件	容姿，恋人の有無など
8　添い寝以外の要求	添い寝以外に何をするのか（デートをする，手料理を作るなど）
9　恋人とソフレの差についての考え	気持ち，幸せ感，満足度など
10　その他	ソフレのメリット・デメリットについて
III　ソフレは浮気に相当するか	
11　周囲に公言しているか	公言範囲

験者でインタビューに応じてくれる人を探している」という言葉で探索を行った。調査者の側から、「ソフレ」とはどのような関係のことを指すのかといったソフレの定義づけを事前に行った上で「ソフレ経験者」を選別したのではなく、「ソフレ」という言葉が通じ、すでに知っていて実行しているという自己認知を持っている人が、インタビューに応じてくれたことになる。

「ソフレ」は、一般的に友だちに公言しない傾向があり、知人・友人を通して見つけることには困難を伴った。上記と同じ方法（文言を「セフレ」に変更）でインフォーマントを探したところ、セフレの方が見つかりやすかったことも併せて記しておきたい。本調査では、比較対象とするため、セフレ経験者へのインタビューも行った。本書では、必要に応じて適宜セフレインタビュー結果についても言及する。

インフォーマントには事前に次のことを説明し、了承を得た。すなわち、調査者がインタビュー内容のトランスクリプトを作成し、個人情報に配慮して加工したうえで、ゼミで発表すること、その後、調査報告論文や学術論文・書籍の執筆のさいにデータとして活用することである。

ゼミでは、調査対象者の個々の発言についてどのように解釈すべきかについて全員で議論を行い、それを踏まえて各自が調査報告論文を作成した。本章は、履修学生が作成したトランスクリプトをデータとし、ゼミでの議論内容を参考にして、分析を行ったものである。

調査項目

「現代の若者」でもある履修学生の関心に基づいて、［表7-1］の調査項目を作成し、これに基づいた半構造化インタビューを行った。

3　ソフレ経験者の恋愛・性愛観――分析

1．ソフレの始まりから終わりまで

インタビューに答えた6人全員が、性行為なしの添い寝のみで一晩をともに過ごすということを一定の頻度で継続的に行うソフレ関係が成立していたと答えた。

出会いのきっかけは「幼馴染」、「高校の同級生」、「大学の同級生」、「大学の同級生でサークル仲間」、「ゼミ」、「必修のクラス」、「バイトの先輩」、「インターン仲間」、「職場」、「職場のお客さん」など。場所は、ホテルや一人暮らしの自宅、一人暮らしの相手の家という答えが多かったが、実家暮らしの自分の家や相手の家、カラオケでオールをしたり、友だちの家に一緒に泊まったりしたときに添い寝をしていたという回答もあった。

ソフレ関係を始める動機についての語り方を分析すると、自分から積極的にソフレ関係を目指すタイプと、成り行きで「なんとなく」ソフレになったと説明するタイプの二つがある。前者にAさんが相当する。

Aさん：えっと～、医人生のほうは私が言ったんですよ。暇な時でいいから一緒に寝てください、みたいな。添い寝してほしい～みたいなのを言ったんですよ。なんか寂しいから一人でいても暇だし、

一緒に映画観たりしようよみたいになって、あ、全然いいよってなって、それはそっから始まった。

質問者：じゃあ、ちゃんと最初に言ったんですね。

Aさん：そう。私が言った。

Aさんは同時期に2人とソフレ関係にあったが、その一方である「医大生のほう」とは「オフレ」（お風呂に一緒に入るが、性行為はしない）でもある。その関係は、女性であるAさんの誘いから始まったという。また、「私、けっこう前にソフレから入ってセフレになっちゃった人いたんですよ。でも、すぐ終わっちゃった。やっぱり、だから一線越えたら終わっちゃうんだなって思った」と述べており、「関係」を「終わ」らせないよう、意図的にソフレ関係を築いていることがわかる[★5]。

それに対して、B、C、D、E、Fの5人は、ソ

表7－2　調査対象者一覧

名	属性	これまでのソフレ人数	ソフレ関係解消の経緯	ソフレ以上の関係になった経験
A	女性20歳 大学生	同時期に2人	何となく連絡を取らなくなった	有　ソフレ→セフレ→関係解消
B	女性20歳 フリーター	以前に2，3人	何となく連絡を取らなくなった	有　ソフレ→恋人→ソフレ
C	女性 20歳 大学生 ソフレ時18歳 高校生	1人	キスされた	無
D	女性25歳 会社員 ソフレ時21歳 大学生	1人	インターン期間が終わった	無
E	男性23歳 会社員 ソフレ時21歳 大学生	違う時期に2人	相手が地方に就職した，など	無
F	男性26歳 小売業店長	約15人。同時期にセフレもあり	何となく連絡を取らなくなった	有　多様

フレが始まった経緯について「なんとなく」「流れ」でそうなったと説明した。ソフレが始まった経緯についての説明自体が短く、ソフレを始める動機についての説明はほとんどないのが特徴である。「最初にご飯に誘われて、そのまま……ってかんじかな」(B)、「本当は家に帰るつもりだったんだけど、なんかすごい疲れちゃって。そしたら、そのときにH(ソフレ相手の男性のこと)が『マジでキツいならウチで休んでけば』って。で、あとは流れで。」(D)、「相手がどう思ったかはわからないけど、わりと流れでってかんじだったねー」(F)。「うーん、きっかけ……、きっかけは終電をなくしたっていう」(E)。このように、どちらが言い出すともなく「流れ」でソフレが始まったという説明の形式は、男女ともに共通して見られる。ソフレ紹介記事などでは事前にソフレの口約束をするとあったが、実際にはどちらが誘うでもなく成り行きで、ソフレ関係が始まっているということがわかる。

ソフレ継続期間は、1か月、半年、7か月、1年以上など様々で、会う頻度は「週に1回くらい」というのが最も多く、次に「月に2～3回くらい」が多かった。「最初の頃は週に2～3回で会っていたが、その後の半年間は月1回くらい」、「月2もあれば、週3もあった」という答えも見られた。

関係解消に至った経緯については、「なんとなく」連絡を取らなくなったという説明の仕方が多い(A、B、F)。他に、インターンの期間が終わったため(D)や、相手が地方に就職したため(E)という関係内在的理由ではない外的要因を挙げた者もいた。6人中の例外はCさんで、彼女のソフレ解消の経緯は、いわゆる「ソフレ」紹介記事などで言われてきたものに近い。すなわち、Cさんによれば、高校時代は、学校で「毎日、空いた時間は一緒にいたし、大型休みは週1以上」会っており、

「大学に入ってから半年は、1か月に1回」は会うという親密さであったが、あるとき「キスされた」ためにソフレ関係解消に至ったという。ちなみに、Cさんはソフレ相手の男性に対して「恋愛感情」を持っていたと述べている。そこで、質問者が「ちょっとは恋愛感情あったんじゃなかったっけ?! 冷めちゃったの?」と聞いたところ、「いざ、そーなったらひいちゃった」と答えた。ソフレ相手に淡い恋愛感情を抱いていたものの、「ソフレ」という位置づけだったがゆえに、それ以上の行動に相手が踏み込んできたとき、関係性そのものが壊れてしまったのがCさんのケースと言える。

寝る以外にソフレと何をするのかという問いに対して、これといった事柄やエピソードを挙げた人はいなかった。男性のEさん、Fさんはいずれも相手を「飲み友だち」と認識している。Eさんは、「酒の趣味が合う」から一緒に飲んで、一緒に寝たり、寝なかったりする（「つまらなかったら帰る」）と答えている。「酒の趣味しか合わなかったですね……。買い物行こうとか、カフェ行こうとかもな

★5　Aさんは、彼女自身が性行為をしてしまうと相手に「飽き」てしまうため、セフレ関係よりもソフレ関係を選好しているという説明をしている。

Aさん：セフレっぽい人はいたけど……でもすぐ飽きちゃうから～、飽きちゃって～。なんか同じ人と何回もしてる人の気持ちがわかんなくて。なんかもうつまんなくなっちゃうんですよね。そう、だから、あんまりセフレは向いてない、っていうのも自分でわかってて。

質問者：じゃ、やっぱ（性行為を）しちゃったら、もうすぐ終わっちゃう……?

Aさん：そう、私は飽きちゃう。女の子ってヤッちゃうと感情入ったりするけど～、私けっこう男っぽいから～、一回ヤるともうどうでもよくなったりするタイプで～、性格悪いけど～（笑）。

かったんで……」(E)。質問者による「ソフレとは添い寝以外にしたいこととかないんですか? デートとか。」という問いかけに対して、女性のBさんも「ないね〜。そういうのは恋人の役目」と答えた。朝ごはんを一緒に食べたり、コーヒーを飲んだりすることに重きが置かれている様子もない。日頃からこまめに連絡を取り合うという恋人同士のようなことはせず、会ってもお酒を飲みながら喋って寝る以外のことをしない点で、ソフレはセフレの関係のあり方と似ている。

ソフレ解消後の関係については、友人関係を続けており、かつてのように頻繁に連絡を取り合っているわけではないが、もし連絡が来たら普通に会えると思うと全員が答えている。

2. 恋愛感情とソフレに対して持つ感情との違い

ソフレから、恋人やセフレへ関係が変化したことがあるかについて聞いたところ、変化したことがあると答えたのはA、B、Fの3人で、ちょうど半数となった。全員がソフレに対して持つ感情と恋人への恋愛感情は異なったものだとしている。ソフレに対しては「安心感」や「落ち着き」、「癒し」といった感情を持ち、恋人には「ドキドキ」や「トキメキ」といった非日常的な感情を持つという答えが多く見られた。例えば、Bさんは「ソフレは落ち着き、彼氏はトキメキみたいな」、「(ソフレで)落ち着かない人は意味ない。寝れない」と述べている。Aさんは、「(ソフレに対しては)恋愛感情もなく〜、やっぱり好きとかじゃないし」と述べ、ソフレについて「なんていうんだろう、うるおい? 日々の中のうるおいみたいな感覚」とした。Fさんは、恋人とソフレの違いを聞かれたときに「毎日会いたいと思うかかなー」（恋人に対しては「毎日会いたいと思う」という意味）と答えた。ソフレに対する特別に親密な感情や特別な思い入れを語る人はいなかった。ソフレになるきっかけやソフレ解消の経緯を、なんとなく「流れ」でそうなったと説明することからもわかるように、ソフレに対しては、強い感情は抱かれていない。

また、ソフレから得られる安心感や癒しといった精神的満足は、恋愛感情よりも一段価値の劣ったものと位置づけられている。Eさんはソフレのメリットを聞かれたときに「心の足しにはなるんじゃないですか。ちょっと。30％ぐらい？（笑）」と答え、「30％」の中身については「僕は別にドキドキはしなかったし、どっちかっていうと安心感とかのほうがあるのかな」と述べ、「ソフレのデメリットは？」と聞かれたときには、「デメリット？　できれば好きな人の横にいたい」と答えている。ここから、恋愛感情に高い価値が置かれており、恋人に抱くような強い特別な感情が湧きおこらなかったときに、異性友人との間で「なんとなく」結ばれる関係の一つとしてソフレがあるということがわかる。

ソフレ経験者の語り口［★6］からは、ソフレという関係を自分の中でどう理解し、そして人にどう話せばよいのかについて戸惑っている印象を受ける。これは、まだソフレについての定型的な語り（narrative）が確立していないことも関係しているだろうが、ソフレ相手に対する感情の弱さや思い入れのなさによるものと考えられる。

3．ソフレは浮気か

ソフレは「浮気」に当たるのか否かについて、多くの人が、恋人がいる人とソフレになることや、自分に恋人がいる時期にソフレと添い寝をすることは「浮気」になるとした。

質問者：彼女がいる期間とソフレがいる期間は被ったことがありますか？
Ｆさん：基本は被ったことないかな。別れ際にはあるけど普通に付き合ってる時には被らないよ。
質問者：被らないようにしてます？
Ｆさん：まーそこは当たり前だよね。たとえ被ったとしても、別れるかもだけど彼女いるってのはちゃんと伝えるし。
質問者：やっぱりソフレは浮気に入ると思います？
Ｆさん：浮気かどーかはわからないけど、自分がされて嫌なことはしないってだけかな。
質問者：グレーゾーンになっていう認識に近い感じですかね？
Ｆさん：黒に近いかな。

Ｆさんは、恋人がいるときに他の女性とソフレになることは、恋人に対する「浮気」になる（「黒に近い」）と答えている。

Ｅさんは、自分の恋人にはソフレがいたら浮気になるかと質問されたとき、まず「浮気の定義」を問題にし、「気持ちが浮ついていなかったら」浮気にならないと述べた。

質問者：気持ちが浮ついてなければ、もし飲んだ勢いで一線越えちゃっても許せますか？
Eさん：いやー、一線越えちゃったらアウトだと思う。さすがに。やったらだめだと思う。
質問者：手つなぐとか、肩に頭のせるとか。
Eさん：そりゃー気持ちあるでしょ。手つなぐはきもちがあるからアウトでしょ。ただ、眠くなっちゃっ

★6　本文中に記載したA、B、E、Fさんの語りに加え、ここでC、Dさんの語りも報告しておく。
恋人とソフレとの違いについてさらに詳しく聞いていくと、明瞭に言語化できない領域に入っていくことも事実である。「恋人とソフレの違い」を詳しく聞かれたとき、Cさんは「むずかしい」「悩んでる」と答えた。Dさんは、ソフレを恋愛対象として見ていたということは「なかった」と答え、「なんか違うじゃん？　彼氏とソフレは」と述べているが、質問者がDさんに対して、「違うとは？　どのように？」と詳細に聞くと、

Dさん：えー（笑）？　だって彼氏とは添い寝したら、そういうことになるかもしれないでしょ？　だけど友だちなら、そういうことにはならないし。
質問者：そうとは言い切れないのでは？
Dさん：さすがにそのあたりは見極めてるよ（笑）。そういう人とはあんまり友だちにならないし、誘われても色々考えるから。

と答えた。Dさんは、恋人に対する感情とソフレに対して持っている感情は、言うまでもなく明瞭に異なっているという態度をとっているが、その具体的な違いの説明を求めると、上記のように、恋人とは性行為をするがソフレとはしないという行動の違いの指摘を繰り返すという事態に陥っている。

て寝に行こう、何もしないってなら別に、浮ついてはいないから。

質問者：いいんだー！　それこそ、男の人と二人で飲みに行くとかも……？

Ｅさん：それは別にいいと思う。それは僕も行きたいからー、友だちと行きたいから、そこは束縛する必要もないからー。

このように細かく聞いていくと、何が「浮気」で「浮気」でないかを、各自が自分の経験や状況に基づいて判断しているため個人差が出てくるのだが、恋人に対しては特別に配慮しなければならないという規範は多くの調査対象者が共通して持っていた。それに対して、ソフレやセフレを複数人同時進行で持つことは「浮気」には相当せず、とくに道徳的な非難の対象にならないとされていることが確認できた。

4．草食（系）男子がソフレになるのか

最後に、草食（系）男子がソフレになるのか否かについて見ていこう。インタビュー前の準備段階で、草食系／肉食系に関する文献や記事に基づきながらゼミメンバー全員で議論を行い、「草食系／肉食系／どちらでもない」という分類のイメージの共有を行った。その後、インタビュー時に、それぞれのインタビュアーが、ソフレ経験者（調査対象者）を「草食系／肉食系／どちらでもない」の３種類に分類し、さらに調査対象者の承諾が得られた場合にはソフレ相手の写真を見せてもらいながら、

その人のファッションの傾向や人柄などを聞いて、ソフレ相手の分類も行った。

ここではとくに、今回インタビューに答えてくれた男性2人を取り上げて論じる。Eさんは、同時期にソフレとセフレがおり、また「ワンチャン」（和製英語ワン・チャンスの略とされており一般的に「イチかバチか」の意味だが、ここでは一回きりの性交のことを指す）もあったという。調査時には、恋人がおり、ソフレとの関係は解消していた。Eさんにインタビューを行った調査者は、Eさんのファッションを含めた外見や言動から見て、いわゆる「草食系」ではないと報告した。Fさんも、これまで「15人くらい」のソフレがおり、ソフレから「そのまま付き合った」ケースも、「そのまま（関係）解消」のケースも、「セフレになった」ケースもあると述べており、「草食系」には当てはまらない。以上より、いわゆる一般的にイメージされているところの「草食（系）男子」がソフレになるとは言えない。

ただし、2000年代後半以降の「草食化」言説の流行によって、ソフレが可能になったと考えることができる。まず、Eさんとそのソフレ相手の女性は、ソフレ関係を結んでいた時期にソフレという語を知っていた。

質問者：その当時、相手の人は、「これ、いわゆるソフレ」みたいな自覚をしている感じではありました？（それとも）普通に飲み友みたいな感じに思っていたのかな？

Eさん：あーどうなんだろ？　兼任だったのかな？

質問者：兼任？　あー、どっちも。
Eさん：そう、どっちも。

Eさんのソフレ相手であった女性がEさんとの関係をどのように理解していたと、Eさんが考えているかを聞くという少し込み入った質問と回答の形式になっているが、添い寝をしているとき、当事者において「これはソフレという関係だ」と理解されていた（と、Eさんが理解している）ということがわかる。

次に、Eさんはソフレ相手の女性について、「すっげえ失礼だけど女として見てない。本当失礼だけど（笑）友だちだから、別にそういうのは一切ない」と述べている。

質問者1：ソフレの相手がその人じゃなかったら、誘われたらしちゃいます？　自分のタイプの子だったら。
Eさん　：あー、そうかも。
質問者1：その人だから（性的な行為を）しないみたいな？
Eさん　：まぁ……ねぇ？（男性の質問者2の方を見る）
全員　：ねぇ？（笑）
質問者2：寝てる時とか、下の方とかって……。

全員　：（爆笑）
質問者1：聞かなくていいよ！（笑）
Eさん　：いや、その子はなんない……なぁ。

また、相手の女性からの「ボディタッチ」が「あった」ということをEさんが認めたことを踏まえ、ソフレ相手によるEさんへの恋愛感情について質問者が尋ねている文脈で、Eさんは次のように応答した。

質問者：もしかしたら向こうは好きだったかもしれないしね。
Eさん：どうなんだろう、そこの真意をあえて解いたことはないですね。あえて自分から。
質問者：それってやっぱ行為とかも、そういうなんか（向こうからの）アタックみたいなものもなかった？
Eさん：あー、どうなんだろう。なかったのかな。（自分が）鈍感すぎる部分があるのかもしれない。

以上のように、Eさんは相手の女性からの「ボディタッチ」などのアプローチがあることに気づいてはいたが、二人きりで一つのベッドで過ごしても性的な行為を要求しないという行動をとっていたことがわかる。Eさんの上記のような行動が可能だったのは、ソフレという語をすでに知っていたことで、性行為をせずに一晩を二人きりで過ごすという行動がありうるもの（許容されるもの）と捉えていたからだと考えられる（そもそも、Eさんは「ソフレ経験者」として、インタビューに応じてくれているのだ）。「草食（系）男子」が流行語となったことで、男性側から性交を要求しないことが「男らしくない」という否定的意味を持つとは限らなくなり、むしろ「現代の若者っぽい」というポジティブな解釈が可能になったために、性交を要求しないという行動ができるようになっている。ソフレは、「草食（系）男子」像が社会に広まった結果、成立可能になった異性友人関係と言える。

Eさんのケースから、現代では、男性が性交を要求すること／しないことに関する解釈の多義性が生じているということが読み取れる。性交を要求しないのは、相手の女性を対等な人格的関係を結ぶ友人として評価しているためなのか、それとも相手の女性を性的魅力がないとディスリスペクト（disrespect）しているためなのか、女性の側の性行為をしたくないという気持ちを汲み取った配慮ある行動の結果なのか。第三者から見て意味が確定できないだけでなく、Eさん自身においても解釈の幅があり、Eさんのソフレ相手の女性にとっては、なおさら意味の確定は難しかったであろうと推測される。それぞれが異なった意味合いで自分たちのソフレという関係を解釈することで――つまり解釈の多義性によって――ソフレ関係が継続されているように見える。

5．分析結果

ソフレとは、非日常的な強い感情（トキメキやドキドキ）が発生しなかった時に、異性との間で結

表7-3　ソフレ経験者に見られる現代の若者の恋愛・性愛観の特徴

(1)	性と愛の結びつきを重視 愛しているわけではない人とは性的関係を結ばない（＝ソフレ）
(2)	セックスに「ガッツかない」最近の若者としての「草食（系）男子」像が共有されることでソフレが成立

ばれる日常的で穏やかな関係である。ソフレからは、安心感や落ち着き、「日々のうるおい」、癒しなどの精神的満足を得ていることがわかる（3-2）。

だが、恋愛感情の対象である恋人の方に高い価値が置かれており、ソフレはあくまでも恋愛と言えるほどの特別な感情が湧き起こらなかった時に異性友人との間で結ばれる関係であることがわかる。日常感覚で一晩をともに過ごせる、手軽で気楽な異性友人が増えるほど、特別な強い感情である恋愛感情は希少価値を持つようになり、「恋人」は特別に配慮されるべき存在としてその価値を高めている（3-3）。

ソフレ関係は、いわゆる世間でイメージされているところの草食（系）男子（色が白くて、細身で、異性に積極的にアプローチするタイプではないというような）との間に成り立っているわけではないということが、今回の調査ケースから導かれる結論である。ソフレは「草食（系）男子」との間に成り立っているわけではないが、2000年代後半以降の「草食（系）男子」像の広まりによって可能になっているということができる。性行為をすること／しないことに関する解釈の多義性が、実際の個々の場面において、一晩をともに過ごすが性行為をしないというソフレ関係を成立させている（3-4）。

このことは、「いま一歩相手に踏み込めないが互いに関心がないわけでもない人たち」によって形成される新たな親密性の形としてソフレがあるのではないかという本書の見立てを支持するものということができる。

最後に、「ソフレ」が、恋愛積極的女性が安易な性行為を回避するための行動戦略としてあったのではないかという点に関して、本調査では、恋愛積極的女性と見られるAさんからの要望でソフレが始まったケース1件が確認できた。恋愛積極的な女性にとっての戦略としてソフレがあるという可能性はある。だが、多くのソフレ関係は必ずしも女性の要望で始まるとは限らず、どちらからともなく成り行きで始まっていることが多い（3－1．）。

以上のような、ソフレ経験者に対するインタビュー調査から、性と愛の結びつきを重視する恋愛・性愛観があることがわかる。愛しているわけではない人とは性行為をしないという原則の下に成り立つのがソフレであり、これは一晩を二人きりで過ごすことになったとしても友人関係である以上、性行為はしないという態度が貫かれている。恋人がいる人同士のソフレやセフレ関係は、道徳的非難の対象となっており、ソフレ調査を通して、改めて愛と性の対象である恋人の価値の高まりが確認されることになったということができる。

4 ソフレ関係を可能とするもの——第7章まとめ

ソフレとは、一晩を二人きりで添い寝して過ごしても、愛しているわけではない異性とは性行為をしないという、新しい異性友人関係である。セフレは、性を愛から解放した。それに対して、ソフレは再度、愛の中に性が囲い込まれる社会で成立する関係である。愛と性の結びつきに高い価値が置かれるなか、当事者の語りにおいて、ソフレ関係は恋人関係よりも一段価値の低いものとして位置づけられている。恋愛相手に対する要求水準は高いのに対して、ソフレに対する要求水準は男女ともに高くない。その分だけ、手軽になれるものとなっている。また、そこではたしかにある種の親密な関係性が成り立っており、安心感や癒しなどの精神的満足が得られていることがわかる。

異性愛の男女友人間で、一晩をともにしながら男性の側が性交を要求しないという行動が可能になったのは、「草食系男子」という語が2000年代後半に流行し、社会に定着したからである。実際に女性とソフレ関係を結んでいる男性が草食系男子とは限らないが、社会において、男性が性交を要求しないという行動もありうるという通念が形成されたことで、ソフレ関係が可能になっている。

ソフレという異性友人のあり方から見えてきたのは、むしろ現代日本の若者において、愛と性の対象となる恋人の価値の高まりと、それへの閾の高さである。

第2部のまとめ

日本のポストフェミニスト

第2部では、フェミニズムに対するバックラッシュ後の日本における、フェミニズムからの離反と見えるような若者の流行現象や動向を取り上げて、検討してきた。

日本のポストフェミニズム的流行現象として位置づけることのできるのは、恋愛積極的態度を特徴とする「めちゃ♥モテ」ブームである。ここでは、性的魅力を高める（モテるようになる）ために、「かわいらしい女の子」という性別役割が積極的に受け入れられていくだけでなく、新しい性別役割期待（「かわいい」を理解する感性を持つ女性／「かわいい」を理解できない男性）が生み出されていることがわかった。

バックラッシュ後の2000年代後半の日本では、若い世代を中心に性別役割分業意識の上昇が見られた。基本的には若者の中でもとくに女性を取り巻く経済的状況や雇用環境の悪化が大きな要因と思われる。ただし、同時期の女性向けポップカルチャー界での「めちゃ♥モテ」ブームがあったことも踏まえるならば、2000年代後半に本格化する女性の性別役割意識の上昇の一部は、女性たちの恋愛積極的姿勢と、性的魅力の向上のための自発的な性別役割の引き受けによって引き起こされたものと解釈することができるだろう。

また、恋愛に積極的な態度をとる女性層（「めちゃモテ」女性に該当する層）の性行動を見ると、「愛の中の性」に高い価値をおき、愛の中に性を囲い込むという行動を主導していることがうかがえる。

ここから、日本において1990年代にピークを迎えた「性解放」後を生きる日本のポストフェミニスト女性たちは、性別役割意識を高め、「愛」などの関係で結ばれた決まったパートナーとの性行動には積極的であるとしても、それ以外の多様な性行動に関しては慎重な態度をとっているというふうに大まかな輪郭線を描くことができる。

英語文化圏でのポストフェミニストに関する議論では、彼女たちの恋愛積極的で性的魅力を高めようとする姿勢による性的過激化が、ハイパーセクシャル・カルチャーをもたらすことが批判的に指摘されていた。それに対して、日本で大きなブームを巻き起こすほどの多くの女性によって支持された恋愛積極的態度は、セクシーさとしての「女らしさ」を強調するよりも、かわいらしさとしての「女らしさ」を追求する傾向が見られる。従順さや優しさなどを含むかわいらしさとしての「女らしさ」は、既存の性別役割との接続性が高い。日本のポストフェミニズム文化状況においては、英米よりも恋愛積極性(性的魅力磨き)と性別役割志向との結びつきが強く、性別役割適合性が性的魅力に変換されやすいという特徴を指摘することができる。

バックラッシュ以後の日本におけるフェミニズムからの離反と見える若者の動向

2000年代後半に日本で起こった若者の性別役割分業意識の高まりや、性行動の消極化は、あたかもフェミニズムが目指してきた理念からの若者たちの離反を示すものであるかのように見える。しかし、必ずしもフェミニズムが掲げてきた理念からの離反によってそれらの動向が生じているとはいえないということが、データの検討から見えてきた。

第一に、2000年代後半の若い世代を中心に性別役割分業の支持率の高まりを示すデータを詳しく見ていくと、出身階級（親の階級、親の年収、親の教育年数など）や本人の教育年数、就業形態などによる性別役割支持率の高低差が見られなくなっており、キャリア追求を目指すと考えられてきた高学歴正規雇用女性たちの性別役割分業の支持率もまた、他の女性層と同等程度の水準になっている。また、2000年代以降、性別役割分業意識は、生涯変わらない一貫した価値観ではなく、その時々の家族や自分の状況に合わせて柔軟に変更されるようなものになってきている可能性が示唆されていた。自分の希望以外の多くの外在的要因を考えあわせたうえでの決断を迫られる女性たちにとって、「キャリア継続／子育てに専念」のいずれになっても対応できるような柔軟な価値観を持つことこそが、適応的な態度となっている。

2000年代後半の性別役割分業の支持率の高まりは、このような性別役割分業意識そのものの変化を伴っている。ある一貫した信念や理念のもとに「伝統的な」性別役割分業が支持されるようになっているというよりも、現実の必要に応じて、性別役割意識が高まっていると見られる。したがって、2000年代後半の性別役割分業の支持率の高まりを若い世代のフェミニズムに対する反対や離反を意味するものとして解釈することはできない。

第二に、性行動の消極化を示すデータを見ていくと、2000年代後半以降、男女ともに性行動の消極化が起こっている。この理由は、大きく次の2点から説明できる。一つ目に、ヘテロセクシャルな男性と女性の間のダブルコンティンジェンシーである。男性は女性の意向を踏まえた性的行動をとろうとするが、女性は男性が性的行動を主導するものという規範意識から、自らの意向をうまく伝えることができず、その結果、お互いに自分から行動を起こすことができないというダブルコンティンジェンシーの状況に陥っている。これが、性行動の消極化の要因の一つを成していると考えられる。

　二つ目に、「愛の中に囲い込まれた性」の価値が高まり、性の閾が高まったことである。２０００年代後半には交際経験率、性交経験率が低下しただけでなく、１９９０年代に観察された複数交際（ふたまた）やセフレといった恋愛・性愛行動は、２０００年代後半以降急激に減り、高校生、大学生、若者（20歳から39歳まで）を調査したデータ上ではごくわずかとなった。性関係を結ぶためには、相思相愛の恋人になる必要があり、恋人になるためにはいくつかの儀礼（数回のデート、手つなぎ、告白など）をこなす必要があると考える傾向が見られる。性行動の消極化という状況の中で生じた「ソフレ」という新しい異性友人関係は、付き合っているわけではない人とは、たとえ一晩を二人きりで共に過ごしたとしても性的関係を結ばないというふるまいであり、ここにもまた、愛の中に性を囲い込み、それを価値あるものとするという行動実践が確認できる。

　以上のような性行動の消極化の内実をみると、女性による性的自己決定力の獲得の社会的実現を目指してきた第二波フェミニズムに対するイデオロギー的反発から、性行動の変化が起こっているわけではないということが明らかになる。異性友人間の関係や、異性との付き合い方の変化によって、性行動の消極化という潮流が引き起こされていると考えることができる。

おわりに　ポストフェミニズムから見える現代の「女らしさ」

価値判断（趣味判断）の対象としてのジェンダー

ジェンダー平等が多くの人によって支持される価値観となった社会において、フェミニズムの運動や議論を無効化しようとするさいに用いられるようになったのが、「フェミニズムはもはや必要ない」とか、「フェミニズムは若い女性たちの支持を得られていない」といった、フェミニズム不要論の形をとるポストフェミニズム的言説である。そこで、本書では、ポストフェミニストと呼ぶことのできるような主張内容や社会的態度とは、具体的にどのようなものなのかについて詳しく検討してきた。ポストフェミニストを見ていくことで、現代の「女らしさ」のあり方を明らかにしていくというのが、「はじめに」で述べた本書の目指すところのものだった。

本書では現代社会において、フェミニズム離れが起きているのか、それともフェミニズム賛同の動きが強まっているのかといったことについては、何ら実証していない。フェミニズムから距離をとろうとする女性の声のみをピックアップし、そのような動向や社会的流行を見てきた。

その結果、ポストフェミニストに見られる「女らしさ」をめぐる社会的態度とは次のようなものであるとまとめることができる。

まず、ポストフェミニストにおいてジェンダーの問題は、分配をめぐる社会的公正の問題（教育機会や就業機会、職業的達成などの経済的資源の分配の公正性や、威信などの社会的承認の分配をめぐる公正性）として考えられているというよりも、まずもって個人的な価値判断の対象となるようなものとして考えられている。彼女たちにとってジェンダーとは、恋愛や性の場で意識され評価対象となるようなものである。また、理想的な生き方や、ロールモデル、自分の人生の生き方の良しあしを考えるときに問題になるようなものとしてジェンダーがある。そのために、本書では、親密な関係性としての恋愛や性をめぐる「男らしさ／女らしさ」について論じてくることとなった。

恋愛積極的態度：性的魅力を上げるための性別役割の習得

次に、ポストフェミニストたちは、多くの場合、恋愛積極的態度を有している。この態度をよく見ていくと、「性的魅力を磨いて充実した恋愛関係や性関係を持ちたい」という個人的な欲望や快楽と結びついた動機づけによって、性別役割が肯定され内面化されていることがわかる。日本のポストフェミニストと位置づけることのできる「めちゃモテ」女性たちもまた、性的魅力の向上を目指す中で、性別役割意識を高め、新たな性別役割を作り出しさえしており、性別役割適合性が性的魅力に変換されているさまが見られた。

ここから、性的魅力を高めるための方法の一つとして性別役割が自発的に引き受けられているという現代の「男らしさ／女らしさ」のあり方が見えてきた。現代においては、個人の欲望や快楽と結びついた性的魅力の向上を通して、性差が再編成され維持されていくという視点が重要なものになってくると言うことができる。結婚までの期間が長期化（晩婚化）していることを踏まえても、結婚生活内部を想定した性別役割だけでなく、恋愛や性の場面で意識され評価される性的魅力としての「男らしさ／女らしさ」へも注目を払うことが重要だと思われる。

自分にとって望ましくない「女らしさ」を押しつけられることへの抵抗

最後に、ポストフェミニストを特徴づける社会的態度として、自分にとって望ましい「女らしさ」の実現を目指し、自分が望まない「女らしさ」を他者から要求されたりすることに対して抵抗するというものがある。「女性」に対してどのような社会的意味づけがなされるかによって、女性が社会的にどう扱われ、何ができてできないのかが決まるような時代がつい一世代前までは現前していた社会において、女性たちは「女性」に関する社会的意味づけに敏感にならざるを得ない。ポストフェミニストたちは、「望ましい女性像／望ましくない女性像」という線引きに基づき、自分の「女性」として生きてきた実感をもとに声を上げている。

ポストフェミニストは、性的魅力を磨くことに積極的であるが、同時に、自分にとって望ましくない性別役割期待や性的魅力の評価のされ方に対しては、抵抗するという姿勢をとる。これは、性別役割と性的魅力の関係性を組み替えることで、「女らしさへの自由」を模索するものであり、今後、「女らしさ」をめぐる自由を押し広げていこうとする活動において重要な基本的態度であると捉えることができる。

性的魅力を高めようと「女らしさ」を強調することは、自分が望んでいなかったような他者からの「女性役割」や「女らしさ」期待を誘発することがある。「女らしい」ファッションを好んでいる彼女はきっと女性らしい人であり、したがって女性役割を要求しても良いのだろうという期待を、周囲の人々は暗黙のうちに持ってしまいがちだ。

しかし、ポストフェミニストたちに見られるような、自分にとって望ましくない「女らしさ」に対して抵抗したり異議申し立てしたりするという態度は、このような性的魅力の強調と性別役割期待というつながり方を切り離し、従来とは異なる組み合わせを模索し実現していこうとするものとして機能する。残念ながら現状では、ポストフェミニストたちの異議申し立ては、もっぱらフェミニストが想定している（とポストフェミニストが考えている）「女性像」に向けられているようだが、「自分にとって望ましい女らしさの実現を目指し、望ましくない女らしさや女性役割を押し付けられることに異議申し立てしていく」という態度そのものは、新しい「女らしさ」を社会的に実現していくのに役立つ重要なものだ。

自分が望んでいないような役割を他者から期待されたときには、それが自分の望んでいないものであるという理由のみによって拒否してよいものであり、その要求は周囲の人々によって受け入れられるべきであるという原則は、「女らしさ」をめぐる自由を押し広げていこうとする活動において重要な基本的態度として定立することができるだろう。私たちはポストフェミニストの主張を検討し、そこにある女らしさについての態度や要求を抽出することで、現代の女らしさの自由を追求するために重要な要求と態度原則を導出することができる（この原則は、「女性」に限らず、「男性」を含めたあらゆるジェンダー・セクシュアリティカテゴリーに関して広く適用できるものと思われる）。

現代の「女らしさ」

現在、「女らしさ」をめぐる社会現象に関しては、両義的な解釈のどちらもが成り立ち、拮抗してしまうような、錯綜した状況にある。例えば、「女らしさを目指すことは自分のためなのか、それとも他人や社会に強制された結果なのか」、「美しくなることは既存の社会秩序における優位性を手に入れることを意味するのか、それとも既存の社会秩序に迎合しそれに取り込まれることを意味するのか」、「女性が性的魅力を高めることは女性の性的客体化を促すのか、それとも女性の性的主体化を意味するのか」。これらについて、個々人ごとに意見が異なるだろうことを前提としつつも、本人にとって望ましくない性別役割の期待のされ方や性的魅力の評価のされ方が、具体的にどのような場面において、どのような条件の下で起こっているのかを、個々の具体的な場面におけるジェンダーポリティクスを分析していくことで捉えていくことは十分可能であるし、そのような議論を今後も積み重ねていく必要があるだろう。

「女らしさからの自由」と「女らしさへの自由」の双方の追求を通して、「女性」カテゴリーにまつわるスティグマを払拭し、『「女性」という社会的属性を担って生きようとするすべての人を包摂する「自由」を社会的に実現していくためには、現在のジェンダー・セクシュアリティ秩序原理を踏まえた、対抗的言説の形成や実践、社会制度の改善が必要であり、これはいまだ道半ばだ。その意味で、フェミニズムのなすべき仕事は膨大に残っている。フェミニズムは終わっていない。

あとがき

私は大学の学部生から修士課程在学時にバックラッシュを経験し、「ジェンダー」や「フェミニズム」という語を口にすることの恐怖感を経験した。大学の生協書籍部に、フェミニズムをバッシングする論壇誌と、「モテ」の語がでかでかと載った『CanCam』とが並ぶのを見て、「この世は私にとって生きづらい」と思ったことを覚えている。

「フェミニズムやジェンダーを口にすると、自分が意図していなかったような面倒ごとに巻き込まれるかもしれないから、とりあえずやめておこう」というような感覚は、バックラッシュの時期を知っている女性に広く共有されているのではないかと、私はひそかに思ってきた。バックラッシュはフェミニズムに影響を与えただけでなく、「強いフェミニズム支持者ではないが、女性の社会的地位や社会的な扱われ方については自分事として関心がある」という、フェミニズムに対してマイルドな関心を持っている女性たちにも影響を与えたのではないか。しかし、どうやってそれを実証すればいいのかの方途がみつからないまま、10年が経過していた。

そんな中、英語文化圏でなされていたポストフェミニズム研究は、まさにバックラッシュ後の女性たちの社会的態度や文化的潮流を論じるものだった。詳しく見ていくと、ネオリベラリズム政権がフェミニズムを部分的に取り込んでいくなかで、どのように第二波フェミニズムを継承し鍛錬していけばいいのか（官製フェミニズムの拡がりの中で、的確な現状批判力を持つフェミニズムをどのように構想していけばいいのか）という、現代において最もクリティカルな思想につながるものであることがわかってきた。そして、ポストフェミニズムというパースペクティブ（分析視角）は、現代の日本のジェンダー状況の複雑さを考えるのにも役立つものだという思いを深めるようになった。私がポストフェミニズムを主題とする研究に取り組んでいるのは、このような経緯による。

　現代の日本社会において、「女らしい」ことが必ずしも「下に見られる」ことや、「社会的に不利になる」ことを意味しなくなってきた。とはいえ、「下に見られるかもしれない」、「社会的に不利になるかもしれない」という不安は歴然として残っている（この不安は、根拠のある不安だ）。同時に、「現代社会は変わってきており、男女平等が進んできている」ので、性別による不利な待遇を受けることなく、正当に評価されるだろうという、自分が生きる世界への希望のようなものもある。現代の「女らしさ」をめぐる状況とは、このような不安と希望の拮抗状態としてである。

　本書で見てきたポストフェミニストたちは、どちらかと言うと「希望」の方を固く信じている人たちだ。だが、私がなぜここまで丁寧に彼女たちの主張を見続けてきたのか、その理由を改めて考えて見ると、「フェミニズムなんて古くさい」、「もうフェミニズムに頼らなくても、女性だって活躍できる」と、性急に言いたがる彼女たちの主張の奥底に「女性であることの不安」のようなものが張りついているように思えたからだった。フェミニズムに反発しながら、なお「女性」であることについて考え続け、何か主張しようとする彼女たちの姿にこそ、現代を女性として生きることの生きづらさが表れていると思った。

「現代を女性として生きることの生きづらさ」を、もう少し詳しく説明しておくならば、次のように言うことができる。例えば、「現代を女性として生きることの生きづらさ」の正体は、ある場面で女性として取り扱われることで、自分の望まなかったような状況や自分にとって不利な状況がもたらされるのが、いつどんな時であるのかを見通せない不安である。女性に関する社会的意味づけが流動的であり、場や人ごとの違いも大きいこと、そして依然として、女性であることが現代社会ではスティグマとして働いている場が多いという社会的状況が、このような不安を形作っている。これは、本人が望まない性別役割（先入観、ステレオタイプ）を他者によって負わされてしまうという問題系である。また、「現代を女性として生きることの生きづらさ」とは、かなり若い頃から女性たちは本人の意図や希望とは無関係に、性的対象としてターゲット化されることにある。これらは、本人が望まない性的魅力の評価のされ方をするという問題系である。日常のこのような経験の積み重ねは、人間性を踏みにじられていくには十分な精神的負荷だ。

最後に、ポストフェミニストの出現という社会現象を取り上げて論じることが、フェミニズム思想にもたらす意義という点について、私なりの考えを整理しておきたい。ポストフェミニストの出現という社会現象を取り上げて論じることは、「フェミニズム内部からのフェミニズム批判によるフェミニズム思想の発展（理論的進化）」という論理形式に収まるようなものとはなりえない。なぜなら、ポストフェミニズムの主張は感覚的で、不正確な「フェミニズム」理解が多いからだ。かといって、ポストフェミニストたちの議論は、アンチフェミニストに見られるような、フェミニズムと理念を共有しない完全に外在的なフェミニズム批判とも言えない。だから、ポストフェミニストたちの主張がいかに事実に反しているのかを論証し、フェミニズムの立場からポストフェミニズムを批判しきることを議論の目的としてしまえば、重要な点を見落とすことになりかねない。その意味で、ポストフェミニストたちの主張をどのようなものとして、議論の俎上に載せればよいのかについては、本当に苦労した点である。

私の書いたポストフェミニズムについての論考を人に見せるたびに、私が「どちらの立場に立っているのかわからない」、すなわち「ポストフェミニストに共感する立場からフェミニズムを批判しようとしているのか、それともフェミニズムの立場からポストフェミニストを批判しようとしているのかをはっきりさせてほしい」というコメントをもらった。しかし、この点に関しては、右記のような事情が大きくかかわっているのではないかと個人的には分析している。私の個人的心情としては、フェミニズムの立場からポストフェミニストを批判するという後者の立場に近いのだが、ポストフェミニストの「フェミニズムはもういらない」という主張を論駁しきることを議論の目的としてしまえば、ポストフェミニストの出現という社会現象を取り上げることでもたらされるであろうフェミニズム思想の豊かさを損なうことになる。

ポストフェミニストの主張を取り上げるときに考えるべきは、これをどう論駁しきるかではなく、なぜ彼女たちはこのような主張をするのか、その背後にある考えや社会的背景とは何かである。それを通してこそ、現代の「女らしさ」や「女性」が置かれた状況が見えてくる。

また、それぞれの時代に、女性たちが「個人的なこと」として声を上げるジェンダーの問題について真剣に考えることにこそ、現代における真に重要なジェンダー問題の層に辿り着けるのではないかというのが私の信じているところである。現代において「男らしさ／女らしさ」がどのように再編されようとしているのか、そのメカニズムを解明したい、それが私の関心の中心だ。私が「ポストフェミニスト」なのか、それとも「フェミニスト」なのかという観点で本書の議論を見てもはっきりしないとすれば、その理由はこのあたりにあるのだと思う。

現代を女性として生きることの経験を理解する手がかりになるような本になればと願って書いてきたのだが、学術的手続きをなるべくきちんとふまえようとしたために、堅苦しくなってしまったところもある。ただ、「モテ」や「ソフレ」などの柔らかい対象をこのような方法と手続きによって社会学的研究にすることができるのだなという例として読んでいただくこともできるのではないかと思っており、この点で、大学生のみなさんのお役にも少しは立てるのではないかと思ったりもしている。また、本書では、「男性」として生きることの経験については、おもに私の勉強不足ゆえにフォローすることができなかった。収集できたデータの性質上、ヘテロセクシュアル・シス女性が中心となってしまったことも大きな反省点であり、今後の課題にしたい。

本研究を進めるにあたっては、海妻径子先生、細谷実先生、千田有紀先生との共同研究（科学基盤研究(C)「新自由主義・新保守主義下でのジェンダー再編の理論整理および日英韓比較研究」15K01928）に研究協力者として参加させていただいたことで、多くのことを学びました。ネオリベラリズムにおけるジェンダー・セクシュアリティ秩序の再編成という大きなテーマを、どのように具体的に研究していけばいいのか、毎回の研究会や実地調査を通して、私の中で具体的になっていきました。この場を借りてお礼を申し上げたいと思います。

また大学院の指導教授を長い間、引き受けてくださっている佐藤俊樹先生にもお礼を申し上げます。佐藤先生は、本人が納得のいくまで考え、それを書いて、発表することをつねにエンカレッジし続けてくださいました。本書の草稿にコメントをくださった相関社会科学コースの院生時代からの仲間である生間元基さん、松村　志さん、坂井晃介さん、本郷のジェンダー・セクシュアリティ研究会のみなさまにも、お礼申し上げます。

また、本書第2章、第6章の元となりました論文及び草稿に関しまして、横浜フェミニズム研究会で検討していただき有益な知見をたくさんいただきました。本書の第4章、第6章の元となりました草稿に関しては、遠藤知巳先生をはじめとする社会解釈学研究会のみなさま、本書第7章の元となりました論文に関しては、駒場・本郷を横断する社会学系の先輩方が集うデータ研究会（代表：元森絵里子さん）のみなさま、青少年研究会のみなさまに、ジェンダーの視点にとどまらない多様な観点からご検討いただき、多くのコメントを頂戴しました。本書第2章および第5章の元となる論文について日本女性学会で報告したさいには司会の先生方やフロアの方々から有益なコメントをいただき、部会後にも、色々とお話させていただくなかでの知見や発見がたくさんありました。改めて、感謝申し上げます。

最後になりましたが、この本の出版は、晃洋書房の吉永恵利加さんに日本女性学会の報告の後、声をかけていただいたことで実現しました。その時は、日本の若者の「保守化」をポストフェミニズムというパースペクティブで捉えた場合、「めちゃモテ」女性をポストフェミニストとして捉えることができるという、第5章に相当するところを報告したと記憶しています。非常勤講師という不安定なステイタスの者に声をかけてくださったこと、そして、その後もさまざまご面倒をおかけしてしまいましたが首尾よく導いてくださり出版に向けて進めてくださったことに、感謝の気持ちでいっぱいです。どうもありがとうございました。また、本書の出版にあたっては竹村和子フェミニズム基金の助成を受けました。感謝申し上げます。

ポストフェミニズム論は、現在のフェミニズム思想の先端を走るものの一つであると私は考えていますが、もしそうだとすれば、それはすなわち、ポストフェミニズム論に関してはこれからもさらに再検討され吟味されていく必要があるということを意味します。本書の出版後にも、現代の「女らしさ」を明らかにするという目的に対しては、もっと適切なデータがあるのではないかといったご批判もありうるかもしれません。現在できる限りの精一杯をやったところではありますが、さらなる多くの方からのご批判等をいただけますと幸いです。今後も精進していきたいと思います。

もしくは、ポストフェミニズム論はもう「先端」ではなくなっているという可能性もあります。そうであるとしても菊地夏野さんが言うように、「これからいつまでとも知らず、薄く持続的に浸透しうる社会意識」として、ポストフェミニスト的言説は、フェミニズムに付きまとって繰り返し立ち現れる亡霊のようなものとして存在し続けるだろうと思います。その亡霊の現れ方を描き続けることが、フェミニズムについて考え、「女らしさ」について考える一つの方法としてありうるのではないかと思っています。

2020年5月

高橋　幸

初出一覧

下記の章は、元となった下記の論文に修正を加えたものです。それ以外の章については書き下ろしとなります。

第2章　論文「若い女性の「フェミニズム離れ」をどう読み解くか：#WomenAgainstFeminism（2013–2014）の分析から」『WAN女性学ジャーナル』、ウィメンズアクションネットワーク（WAN）、2019年5月9日（https://wan.or.jp/journal/details/8）

第5章　研究ノート「「モテたい」願望の表明による「女らしさ」の強化：2000年代『Can Cam』における「モテ」表象の分析」『女性学』Vol. 25、日本女性学会、2017年、pp. 84–92

第7章　論文「「草食化」以後の異性友人関係：添い寝フレンド（ソフレ）経験者へのインタビュー調査から」『ソシオロジスト』vol. 21、武蔵大学社会学部、2019年、pp. 77–99

＊第2章の論文の執筆にあたっては、日本学術振興会の学術研究助成基金助成金、基盤研究(C)「新自由主義・新保守主義下でのジェンダー再編の理論整理および日英韓比較研究」（JP15K01928）の助成を受けました。

文　献

赤川学，1999，『セクシュアリティの歴史社会学』勁草書房.

Ang, Ien, 1996, *Living Room Wars : Rethinking Media Audiences for a Postmodern World,* Routledge.

Aronson, Pamela, 2003, "Feminists Or "Postfeminists"? Young Women's Attitudes toward Feminism and Gender Relations", *Gender & Society*, 17(6) : 903-922.

馬場伸彦・池田太臣編，2012，『「女子」の時代！』青弓社.

Badinter, Élisabeth, 1980, *L' Amour en plus : Histoire de l'amour maternel (XVIIe-XXe siècle),* Flammarion.（＝1991，鈴木晶訳『母性という神話』筑摩書房.）

Baumgardner, Jennifer, & Richards, Amy, 2000, *Manifesta : Young Women, Feminism, and the Future,* Farrar Straus & Giroux.

Bennett, W. Lance, & Segerberg, Alexandra, 2012, "The Logic of Connective Action: Digital media and the personalization of contentious politics", *Information, Communication & Society*, 15(5) : 739-768.

Boxer, Sarah, 1997, "One casualty on the women's movement: Feminism", *New York Times*, 14, December.（https://www.nytimes.com/1997/12/14/weekinreview/ideas-trends-one-casualty-of-the-women-s-movement-feminism.html 2018年11月5日閲覧）

Budgeon, Shelley, 2011, "The Contradictions of Successful Femininity: Third-Wave Feminism, Postfeminism and 'New' Femininities", *New Femininities : Postfeminism, Neoliberalism and Subjectivity,* Palgrave Macmillan: 279-292.

Bush, Julia, 2007, *Women Against the Vote : Female Anti-Suffragism in Britain,* Oxford University Press.

Butler, Judith, 1990, *Gender Trouble : Feminism and the Subversion of Identity,* Routledge.（＝1999，竹村和子訳『ジェンダー・トラブル：フェミニズムとアイデンティティの攪乱』青土社.）

———, 2000, *Antigone's Claim : Kinship Between Life and Death,* Columbia University Press.（＝2002，竹村和子訳『アンティゴネーの主張：問い直される親族関係』青土社.）

Collins, Lyndsey S., 2015, "A Content Analysis of the Women Against Feminism Tumblr Page", A Thesis Presented to the Graduate and Research Committee

of Lehigh University in Candidacy for the Degree of Master of Arts in Sociology (http://preserve.lehigh.edu/etd/2559　2019年10月31日閲覧)

Cotter, D., Hermsen, J. M. & Vanneman, R., 2011, "The End of the Gender Revolution?: Gender Role Attitudes from 1977 to 2008", *American Journal of Sociology*, 117 : 259–289.

Dow, Bonnie, J., 2003, Feminism, Miss America, and media mythology, *Rhetoric & Public Affairs*, 6(1) : 127–160.

Dworkin, Andrea, 1987, *Intercourse,* Free Press.（=1998, 寺沢みづほ訳『インターコース：性的行為の政治学』青土社.）

江原由美子, 2001,『ジェンダー秩序』勁草書房.

Faludi, Susan, 1991, *Backlash : The Undeclared War against American Women,* Crown Publishers.（=1994, 伊藤由紀子・加藤真樹子訳『バックラッシュ：逆襲される女たち』新曜社.）

Fien Adriaens & Sofie Van Bauwel, 2011, "Sex and the City: A Postfeminist Point of View? Or How Popular Culture Functions as a Channel for Feminist Discourse", *The Journal of Popular Culture*, 47(1): 1–22.

深澤真紀, 2007,『平成男子図鑑：リスペクト男子としらふ男子』日経 BP 社.

Fraser, Nancy, 2013, *Fortune of Feminism : From State-Managed Capitalism to Neoliberal Crisis,* Verso Books.

Genz, Stéphanie, & Brabon, Benjamin, A., [2009] 2018, *Postfeminism : Cultural Texts and Theories,* Edinburgh University Press.

Gerbaudo, Paolo, 2012, *Tweets and the Streets : Social Media and Contemporary Activism,* Pluto Press.

Giddens, Anthony, 1992, *Transformation of Intimacy : Sexuality, Love and Eroticism in Modern Society,* Polity Press.（=1995, 松尾精文・松川昭子訳『親密性の変容：近代社会におけるセクシュアリティ, 愛情, エロティシズム』而立書房.）

————, 1994, *Beyond Left and Right : Future of Radical Politics,* Polity Press.（=2002, 松尾精文・立松隆介訳『左派右派を越えて：ラディカルな政治の未来像』而立書房.）

————, 1998, *The Third Way : the Renewal of Social Democracy,* Polity Press.（=1999, 佐和隆光訳『第三の道：効率と公正の新たな同盟』日本経済新聞社.）

Gill, Rosalind, 2007, "Postfeminist media culture: elements of a sensibility", *European Journal of Cultural Studies*, 10(2): 147–166.

———, 2017, “The affective, cultural and psychic life of postfeminism: A postfeminist sensibility 10 years on”, *European Journal of Cultural Studies,* 20(6): 606-626.

Gill, Rosalind, & Elias, S. Ana, ed., 2017, *Aesthetic Labour: Rethinking Beauty Politics in Neoliberalism,* Palgrave Macmillan.

Gill, Rosalind & Herdieckerhoff, Elena, 2006, “Rewriting the Romance: New Femininities in Chick Lit?”, *Feminist Media Studies,* 6(4): 487-504.

Gill, Rosalind, & Scharff, Christina, ed., 2011, *New Femininities: Postfeminism, Neoliberalism and Subjectivity,* Palgrave Macmillan.

郭雲蔚，2018，「生活満足度に対する従業上の地位の影響に見られるジェンダー差の再考：雇用の質に着目する」，小林大祐編『2015年 SSM 調査報告書 9　意識Ⅱ』2015年 SSM 調査研究会：69-83.

Hakim, Catherine, 2011, *Honey Money: The Power of Erotic Capital,* Allen Lane.（＝2012，田口未和訳『エロティック・キャピタル：すべてが手に入る自分磨き』共同通信社.）

Hall, Elaine, J., & Rodriguez, Marnie, Salupo, 2003, “The Myth of Postfeminism”, *Gender and Society,* 17(6): 878-902.

針原素子，2018，「性に対する否定的イメージの増加とその背景」，林雄亮編『青少年の性行動はどう変わってきたか：全国調査にみる40年間』ミネルヴァ書房：104-132.

Harvey, David, 2005, *A Brief History of Neoliberalism,* Oxford University Press.（＝2007，渡辺治監訳・森田成也・木下ちがや・大屋定晴・中村好孝訳『新自由主義：その歴史的展開と現在』作品社.

林雄亮，2013，「青少年の性行動の低年齢化・分極化と性に対する新たな態度」，『「若者の性」白書：第 7 回青少年の性行動全国調査報告書』小学館：25-42.

———，2019，「変化する性行動の発達プロセスと青少年層の分極化」，日本性教育協会編『「若者の性」白書：第 8 回青少年の性行動全国調査報告』小学館：29-46.

Heywood, Leslie L., 2005, *The Women's Movement Today: An Encyclopedia of Third-Wave Feminism,* Greenwood.

本田由紀，2005，『多元化する「能力」と日本社会：ハイパーメリトクラシー化のなかで』NTT 出版.

hooks, bell, 1981, *Ain't I a Woman?: Black Women and Feminism,*（＝2010，大類久恵監訳・柳沢圭子訳，『アメリカ黒人女性とフェミニズム　ベル・フックスの

「私は女ではないの？」』明石書店.）
細川千紘，2018,「女性の性別役割分業意識の変遷とライフコース」，石田淳編『2015年 SSM 調査報告書 8　意識 I 』2015年 SSM 調査研究会：111-141.
細谷実，2005,「男女平等化に対する近年の反動はなぜ起きるのか？」，『世界』738：96-105.
舩橋恵子・堤マサエ，1992,『母性の社会学』サイエンス社.
伊田広行，2006,「バックラッシュの背景をさぐる」，日本女性学会ジェンダー研究会編『Q＆A 男女共同参画／ジェンダーフリー・バッシング：バックラッシュへの徹底反論』明石書店：176-186.
井上輝子・江原由美子・加納実紀代・上野千鶴子・大沢真理編，2002,『岩波女性学事典』岩波書店.
石川由香里，2007,「情報源の違いがもたらす性意識のジェンダー差：〈純粋な恋愛〉志向をめぐって」，財団法人日本性教育協会編『「若者の性」白書：第 6 回青少年の性行動全国調査報告』小学館：81-100.
石崎裕子，2004,「女性雑誌『VERY』にみる幸福な専業主婦像」，『国立女性教育会館研究紀要』8：61-70.
岩間暁子，1997,「性別役割分業と女性の家事分担不公平感：公平価値論・勢力論・衡平理論の実証的検討」，『家族社会学研究』9：67-76.
――――，2008,『女性の就業と家族のゆくえ：格差社会の中の変容』東京大学出版会.
Jennifer Baumgardner & Amy Richards, 2000, *Manifesta : Young Women, Feminism, and the Future,* Farrar Straus & Giroux.
Jordan, Ana, 2016, "Conceptualizing Backlash:（UK）Men's Rights Groups, Anti-Feminism, and Postfeminism", *Canadian Journal of Women and the Law*, 28(1): 18-44.
釜野さおり，2013,「1990年代以降の以降の結婚・家族・ジェンダーに関する女性の意識の変遷：何が変わって何が変わらないのか」，『人口問題研究』69(1): 3-41.
春日淳一，2005,「ダブル・コンティンジェンシーについて」，『關西大學經済論集』55(3): 445-455.
片桐新自，2019,『時代を生きる若者たち：大学生調査30年から見る日本社会』関西大学出版部.
片瀬一男，2013,「第 7 回「青少年の性行動全国調査」の概要」，財団法人日本性教育協会編『「若者の性」白書：第 7 回青少年の性行動全国調査報告書』小学館：9-

24.
————, 2018,「21世紀における親密性の変容：「リスク」としての性行動」, 林雄亮編『青少年の性行動はどう変わってきたか：全国調査にみる40年間』ミネルヴァ書房：173-198.
吉川徹・狭間諒多朗編, 2019,『分断社会と若者の今』大阪大学出版会.
菊地夏野, 2019,『日本のポストフェミニズム：「女子力」とネオリベラリズム』大月書店.
木村絵里子, 2016,「「情念」から「関係性」を重視する恋愛へ：1992年, 2002年, 2012年調査の比較から」,『現代若者の幸福：不安感社会を生きる』恒星社厚生閣：137-168.
岸田秀, 2010,「草食系男子を生んだ時代を精神分析する：なぜかくも欲望の欠如した男が大量に生まれるのか」,『正論』457：188-196.
小林盾・川端健嗣, 2019,『変貌する恋愛と結婚：データで読む平成』新曜社.
河野博子, 2006,『アメリカの原理主義』集英社新書.
河野真太郎, 2017,『戦う姫, 働く少女』堀之内出版.
古賀令子, 2009,『「かわいい」の帝国：モードとメディアと女の子たち』青土社.
MacKinnon, Catharine, 1989, *Toward a Feminist Theory of the State,* Harvard University Press.
松田茂樹, 2005,「性別役割分業意識の変化：若年女性に見られる保守化の兆し」,『ライフデザインレポート』2005年 9 月：24-26.
松井真一, 2010,「女性のケア意識と家事分担満足感：伝統的性役割意識とケア意識の違いに関する実証的検討」,『立命館産業社会論集』45(4)：105-121.
松谷創一郎, 2012,『ギャルと不思議ちゃん論：女の子たちの三十年戦争』原書房.
McRobbie, Angela, 1991, *Feminism and Youth Culture,* Macmillan.
————, 2009, *Aftermath of Feminism: Gender, Culture and Social change*, SAGE Publications.
Millet, Kate, 1970, *Sexual Politics,* Doubleday & Company,（＝1985, 藤枝澪子他訳,『性の政治学』ドメス出版.）
水無田気流, 2009,『無頼化する女たち』洋泉社.
三浦展, 2008,『女はなぜキャバクラ嬢になりたいのか？：「承認されたい自分」の時代』光文社新書.
三浦玲一, 2013,「ポストフェミニズムと第三派フェミニズムの可能性：『プリキュア』,『タイタニック』, AKB48」,『ジェンダーと「自由」：理論, リベラリズム,

クィア』彩流社：59–79.
森康司，2009，「性別役割分業意識の復活」，友枝敏雄編『現代の高校生は何を考えているか：意識調査の計量分析をとおして』世界思想社：165–191.
――――，2015，「性別役割分業意識の変容：雇用不安がもたらす影響」，友枝敏雄編『リスク社会を生きる若者たち：高校生の意識調査から』大阪大学出版会：127–146.
森岡正博，［2008］2010，『草食系男子の恋愛学』メディアファクトリー.
諸橋泰樹，2002，『ジェンダーの語られ方，メディアのつくられ方』現代書館.
――――，2009，『メディアリテラシーとジェンダー：構成された情報とつくられる性のイメージ』現代書館.
元橋利恵，2018，「新自由主義的セクシュアリティと若手フェミニストたちの抵抗」，『架橋するフェミニズム：歴史・性・暴力』：25–36.（https://ir.library.osaka-u.ac.jp/repo/ouka/all/68080/?lang=0&mode=2&opkey=R154204869166819&idx=7 2019年 8 月 2 日閲覧）
永瀬圭・太郎丸博，2016，「性役割意識はなぜ，どのように変化してきたのか」，『後期近代と価値意識の変容：日本人の意識1973–2008』東京大学出版会：99–114.
長島有里枝，2020，『「僕ら」の「女の子写真」からわたしたちのガーリーフォトへ』大福書林.
永田夏来，2008，「若者と「軽く」なる性」，『どこか〈問題化〉される若者たち』恒星社厚生閣：141–161.
――――，2013，「青少年にみるカップル関係のイニシアチブと規範意識」，『「若者の性」白書：第 7 回青少年の性行動全国調査報告書』小学館：101–120.
中野円佳，2014，『「育休世代」のジレンマ：女性活用はなぜ失敗するのか？』光文社新書.
中西祐子，2017，「現代大学生恋愛事情：ロマンティック・ラブ／コンフルエント・ラブ／草食化」，『武蔵社会学論集：ソシオロジスト』No. 20 : 31–47.
二宮元，2014，『福祉国家と新自由主義：イギリス現代国家の構造とその再編』旬報社.
西村純子，2001，「性別分業意識の多元性との規定要因」，『年報社会学論集』14 : 139–150.
西野理子，2015，「性別役割分業意識の規定要因の推移」，『東洋大学社会学部紀要』53 : 139–147.
落合恵美子，2011，「個人化と家族主義：東アジア，ヨーロッパ，そして日本」，『リ

スク化する日本社会：ウルリッヒ・ベックとの対話』ウルリッヒ・ベック・鈴木宗徳・伊藤美登里編：103-125.
小熊英二・上野陽子，2003,『“癒し”のナショナリズム：草の根保守運動の実証研究』慶應義塾大学出版会.
小倉千加子，［2003］2007,『結婚の条件』朝日文庫.
大日向雅美，2002,『母性愛神話とのたたかい』草土文化.
岡真理，2000,『彼女の「正しい」名前とは何か：第三世界フェミニズムの思想』青土社.
大倉韻，2011,「現代日本における若年男性のセクシュアリティ形成について：「オタク」男性へのインタビュー調査から」,『社会学論考』32:109-134.
大森美佐，2016,「日本の若年独身者における親密性：性行動内容に注目して」,『人間文化創成科学論叢』19:135-143.
Paglia, Camille, 1992, *Sex, Art and American Culture: Essays,* Vintage.（=1995, 野中邦子訳『セックス，アート，アメリカンカルチャー』河出書房新社.）
Parsons, Talcott, 1951, *The Social System* The Free Press（=1974, 佐藤勉訳,『社会体系論』青木書店.）
Pateman, Carole, 1988, *The Sexual Contract,* Stanford University Press.（=2017, 中村敏子訳『社会契約と性契約：近代国家はいかに成立したのか』岩波書店.）
Renzetti, Claire M., 1987, “New wave or second stage? Attitudes of college women toward feminism”, *Sex Roles,* 16（5-6）: 265-277.
坂本佳鶴恵，2019,『女性雑誌とファッションの歴史社会学：ビジュアル・ファッション誌の成立』新曜社.
佐々木直之，2012,「JGSS 累積データ 2000-2010 にみる日本人の性別役割分業意識の趨勢：Age-Period-Cohort Analysis の適用」,『日本版総合的社会調査共同研究拠点 研究論文集』12（JGSS Research Series No. 9）: 69-80
Scott, Linda M., 2005, *Fresh Lipstick: Redressing Fashion and Feminism,* Palgrave Macmillan.
千田有紀，2011,『日本型近代家族：どこから来てどこへ行くのか』勁草書房.
清水新二，2001,「私事化のパラドクス：「家族の個人化」「家族の個別化」「脱私事化」論議」,『家族社会学研究』13(1): 97-104.
白河桃子，2014,『専業主婦になりたい女たち』ポプラ新書.
島直子，1999,「性別役割分業を維持する意識構造：「愛情」イデオロギーの視点から」,『年報社会学論集』12:26-37.

Sigel, S. Roberta, 1996, *Ambition and Accommodation : How Women View Gender Relations,* The University of Chicago Press.

Spivak, Gayatri, 1998, "Can the Subaltern speak ?", *Marxism and the Interpretation of Culture,* University of Illinois Press.（＝1988，上村忠男訳『サバルタンは語ることができるか』みすず書房.）

鈴木彩加，2001，「主婦たちのジェンダーフリー・バックラッシュ」，『ソシオロジ』56(1)：21–37.

———，2019，『女性たちの保守運動：右傾化する日本社会のジェンダー』人文書院.

高橋幸，2020a，「「女を使う」から「女子力」へ：女として見られる / 見せることをめぐるポリティクスの現在」，『早稲田文学』22：128–137.

———，2020b，「2010年代ファッショナブル・フェミニズムの到達点と今後の展望：ポストフェミニストと新しいフェミニストの対立を越えて」，『現代思想』2020年3月臨時増刊号：209–217.

高橋征仁，2013，「欲望の時代からリスクの時代へ：性の自己決定をめぐるパラドクス」，『「若者の性」白書：第7回青少年の性行動全国調査報告書』，小学館：43–62.

武川省吾，2007，『連帯と承認：グローバル化と個人化の中の福祉国家』東京大学出版会.

———，2013，「公共性の社会福祉学・序説」，『公共性の福祉社会学：公正な社会とは』東京大学出版会：1–28.

竹村和子編，2003，『"ポスト" フェミニズム』作品社.

田辺俊介，2018，「政党支持と社会階層の関連構造：価値意識の媒介効果も含めた検討」，小林大祐編『2015年 SSM 調査報告書 9　意識Ⅱ』（2015年 SSM 調査研究会，http://www.l.u-tokyo.ac.jp/2015SSM-PJ/report9.html　2019年10月28日閲覧）

田中里尚，2011，「赤文字系雑誌の80年代とその変容：雑誌『CanCam』を中心に」，『文化女子大学紀要　服装学・造形学研究』42：31–38.

———，2012，「雑誌『CanCam』の90年代とモデルカルチャーの発展」，『文化学園大学紀要　服装学・造形学研究』43：49–55.

田中東子，2012，『メディア文化とジェンダーの政治学：第三波フェミニズムの視点から』世界思想社.

谷口将紀，2012，『政党支持の理論』岩波書店.

田間泰子，2001，『母性愛という制度：子殺しと中絶のポリティクス』勁草書房.

太郎丸博，2007，「若年非正規雇用・無業とジェンダー：性別分業意識が女性をフリーターにするのか？」，『ソシオロジ』52(1)：37-51.

巽孝之編訳，［1991］2001，『サイボーグ・フェミニズム』水声社.

友枝敏雄，2009，「保守化の趨勢と社会観・政治的態度」，友枝敏雄編，『現代の高校生は何を考えているか：意識調査の計量分析をとおして』世界思想社：115-138.

———，2015，『リスク社会を生きる若者たち：高校生の意識調査から』大阪大学出版会.

轟亮，2005，「権威主義的態度と社会階層：分布と線形関係の時点比較」，轟亮編『2005SSM 調査シリーズ 8　階層意識の現在』，二輪哲・小林大祐編『2005年 SSM 日本調査の基礎分析：構造・趨勢・方法』2005年 SSM 調査研究会，科学研究費補助金特別推進研究（16001001）「現代日本階層システムの構造と変動に関する総合的研究」成果報告書.（http://srdq.hus.osaka-u.ac.jp/metadata.cgi?page=refs&rid=4493&lang=jp&open=1#open　2019年10月28日閲覧）

富永京子，2019，『みんなの「わがまま」入門』左右社.

上野千鶴子・宮台真司・斎藤環・小谷真理・鈴木謙介・後藤和智・澁谷知美・山口智美・荻上チキ，2006，『バックラッシュ！なぜジェンダーフリーは叩かれたのか？』双風舎.

上野千鶴子，［1990］2009，『家父長制と資本制：マルクス主義フェミニズムの地平』岩波現代文庫.

———，2010，『女ぎらい：ニッポンのミソジニー』紀伊國屋書店.

和田悠・井上惠美子，2014，「21世紀初頭のジェンダー・性教育バッシングの経過とその特徴（特集　ジェンダー・セクシュアリティの視点から教育課程・教育実践を創る）」，『民主教育研究所年報』15：66-78.

Walker, Rebecca, 1992, "Becoming the Third Wave", *Ms,* January/February 1992 : 39-41.

Walter, Natasha, 2010, *Living Dolls : The Return of Sexism,* Virago Press.

渡辺裕子，2013，「消極化する高校生・大学生の性行動と結婚意識」，『「若者の性」白書：第 7 回青少年の性行動全国調査報告書』小学館：81-100.

山田昌弘，1994，『近代家族のゆくえ：家族と愛情のパラドックス』新曜社.

———，2004，「家族の個人化」，『社会学評論』54(4)：341-354.

———，［2009］2015，『なぜ若者は保守化するのか：希望を奪い続ける日本社会の真実』朝日新聞出版.

———，2016，『モテる構造：男と女の社会学』筑摩書房.

山田陽子，2002,「心理学的知識の普及と「心」の聖化」,『社会学評論』53(3) : 380-395.
山口智美・斉藤正美・荻上チキ，2012,『社会運動の戸惑い：フェミニズムの「失われた時代」と草の根保守運動』勁草書房.
大和礼子，1995,「性別役割分業意識の二つの次元：「性による役割振り分け」と「愛による再生産役割」,『ソシオロジ』40 : 109-127.
米澤泉，2010,『私に萌える女たち』講談社.
———，2014,『「女子」の誕生』勁草書房.
吉光正絵・西原麻里編，2017,「〈カワイイ〉の銀河系」,『ポスト〈カワイイ〉の文化社会学：女子たちの「新たな楽しみ」を探る』ミネルヴァ書房：1-49.
吉澤夏子，1993,『フェミニズムの困難：どういう社会が平等な社会か』勁草書房.
———，1997,『女であることの希望：ラディカルフェミニズムの向こう側』勁草書房.
全国出版協会出版科学研究所，2006,『2006　出版指標　年報』公益社団法人全国出版協会.

《著者紹介》

高 橋　　幸（たかはし　ゆき）

1983年宮城県生まれ。
2006年お茶の水女子大学文教育学部人間社会科学科卒業。2008年東京大学大学院総合文化研究科国際社会科学専攻相関社会科学コース修士課程修了，2014年同博士課程単位取得退学。
現在，武蔵大学，明治大学，日本女子大学，非常勤講師。

主要論文として，「若い女性の「フェミニズム離れ」をどう読み解くか：#WomenAgainstFeminism（2013-2014）の分析から」『女性学ジャーナル』2019年，「「草食化」以後の異性友人関係：添い寝フレンド（ソフレ）経験者へのインタビュー調査から」『ソシオロジスト』第21号，2018年などがある。

フェミニズムはもういらない、と彼女は言うけれど
ポストフェミニズムと「女らしさ」のゆくえ

2020年 6 月30日　初版第 1 刷発行
2022年 3 月15日　初版第 3 刷発行

著　者　高橋　幸 ©
発行者　萩原淳平
印刷者　江戸孝典

発行所　株式会社 晃洋書房
京都市右京区西院北矢掛町 7 番地
電話　075（312）0788㈹
振替口座　01040-6-32280

印刷・製本　共同印刷工業㈱
装幀　高石瑞希
ISBN978-4-7710-3380-1